배려가 흐르는 세상은 아름답습니다

당신도 세상을 아름답게 만들 수 있습니다

conversation of consideration

배
려
하
면

함
께

갈

수

있
습
니
다

상대방의 마음도 생각하는

배려의 대화

상대방의 마음도 생각하는
배려의 대화

conversation of consideration

조완욱 지음

함께
BOOKS

현대인의 삶은 너무 바쁘다. 그래서 다른 사람에게는 물론 자신조차 돌아볼 여유가 없다. 자신에게 이로운 경우에만 관심을 갖고 자신과 상관없는 일에는 무관심하다. 이와 같은 현상은 대화자리에서도 목격할 수 있다. 상대방을 존중하지 않는 언어의 사용과 예의 없는 말투로 인해 자신에게 되돌아오는 말과 말투 또한 거칠다. 특히 국민들의 애환을, 올바른 정치활동을 통해서 국가 운영에 반영하기를 바라는 마음을 모아, 국민들이 직접 손으로 선출한 정치인들의 언행(言行)에는 국민을 생각하고 존중하는 마음은 찾아볼 수 없는 듯하다. 그들의 말과 행동은 그들을 착하고 어짊이라는 뜻의 선량(善良)으로 선출한 국민들을 분노케 하고 있다. 그들을 바라보는 국민들의 마음은 속상하다. 그들의 모습은 자신들의 보신(保身)과 자신이 속한 집단의 이익만을 지키려는 전형적인 탐욕스러운 모습이다. 정치인들의 이러한 행태는 국민들은 안중에도 없는 이기적인 생각이 그들의 바탕을 이루고 있기 때문은 아닐까.

그렇지만 남의 입장을 우선 생각하는 배려의 정신은 선조들의 얼이 우리 한국인의 DNA 속에 간직되어 있는 소중한 전통이다. 우리 선조들의 이야기에는 배려의 마음이 담긴 이야기들이 많이 전해진다.

길을 가던 나그네가 우물 옆을 지나다 목이 타서 마실 물을 부탁하자, 나뭇잎을 물바가지에 한 장 올려서 건네 준 이야기는 급하게 물을 마시다 목에 걸리는 것을 걱정한 수줍은 처녀의 배려의 마음이 담긴 행동이었다. 또한 우리나라의 풍습에는 가을철 과실을 수확할 때 모두 거둬들이지 않고 까치밥을 남겨놓는 풍습이 있다. 그것은 먹이를 구하기 힘든 겨울철에 먹이를 찾아 헤매는 새들과 들짐승들의 고통을 덜어주기 위한 배려의 마음이다. 우리 조상들은 말 못하는 짐승의 배고픔까지 생각했다.

작금의 사회적인 현상에 안타까움을 갖고 있던 필자는 배려를 주제로 한 대화에 관한 도서를 기획해야겠다는 생각으로 시내서점을 방문하여 대화술에 관련된 책들을 찾아보았다. 그 결과 대부분의 도서가 제목에서부터 자신이 주장하는 관점을 상대방에게 주입하는 방법, 대화 자리에서 우위를 점하는 방법 등 자신의 주장과 생각을 반드시 관철시켜야한다는 관점에서 집필된 도서들이었다. 필자는 의문이 생겼다.

'대화는 서로 만족한 결과를 얻어야 하는 것이 목적인 행위가 아닌가?'

사람은 각자의 주관적인 생각에 따라 주의(主義)가 다르고 또한 사물을 보고 느낀 관점에 따라 자신의 생각을 자유롭게 할 수 있는 존재이기 때문에 다른 사람과 생각의 차이가 있을 수 있다. 그래서 생각의 차이를 좁히기 위해 대화를 한다. 하지만 대화자리에서 자신의 생각만을 고집하기 때문에 대화가 원활하게 이어지지 못하고 험한 말이 오가기도 하며, 그로 인해 인간관계의 신뢰가 무너지기도 한다. 이러한 현상은 상대방을 존중하고 배려하는 마음이 없기 때문에 생기는 일이다. 대화로써 생각의 차이를 좁히지 못했을지라도 인간관계에는 흔들림이 없어야한다. 그러므로 대화에서 꼭 필요한 것이 상대방을 배려하는 마음이다. 사자성어의 '역지사지(易地思之)', 상대방의 입장에서 생각을 해보라는 뜻이다. 서로가 만족할 수 있는 최상의 대화방법은 배려의 대화다. 배려가 흐르는 대화자리는 상대방을 만나며 세운 경계의 울타리를 걷어내게 한다. 생각의 관점을 자신이 아닌 상대방의 입장에서 생각해 보는 것만으로도 서로가 만족하는 대화자리가 될 수 있으며 바람직한 인간관계를 형성할 수 있다.

상대방을 배려하는 말과 행동은 진실한 마음에서 우러나온다. 이해관계를 떠나서 우선 말과 말투에 배려의 마음이 깃들어 있다면 아무리 바쁘고 각박한 세상이라고 할지라도 한결 온화한 세상이 될 것이다.

배려가 담긴 한 마디 말, 말투의 느낌만으로도 긍정적인 대화자리를 만들 수 있으며 자신이 바라는 성과를 이룰 확률이 높다. 이것이 배려의 힘이다.

막말과 상대방을 비난하는 언행이 난무하는 세상을 안타까운 마음으로 지켜보다 상대방의 마음도 생각하는 〈배려의 대화〉를 기획하게 되었다.

contents

/ 1장 / **배려하면 이해할 수 있다**

다름을 인정하라

그리스 철학자 아리스토텔레스는 "인간은 사회적 동물이다."고 하였다.

사람은 사회생활을 하며 다양한 성품을 지닌 사람들을 만나고 또한 그들과 인간관계를 맺으며 살아간다. 지금은 잠시라도 떨어지면 안 될 것 같은 단짝 친구도 사회생활을 통해 인간관계를 맺기 전까지는 모르는 사람이었고, 자신의 모든 것을 내어 주어도 아깝지 않을 내 남편, 내 아내, 내 여자 친구, 남자 친구도 지금과 같은 좋은 사이가 되기까지는 배려의 마음이 담긴 대화 시간을 함께한 시간이 있었기에 좋은 인간관계가 형성된 것이다. 이렇듯 다른 사람과의 신뢰받는 인간관계를 만들기 위해서는 나와 다른 성품을 가진 사람일지라도 이해하고 존중하는 마음이 필요하다.

이해하면 이해된다

사회생활을 하면서 상대방의 의견이나 주장이 자신의 생각과 다르거나 마음에 들지 않는다고 상대방을 무시하거나 또는 고집스럽게 자신의 뜻을 관철시키기 위해서 상대방의 입장을 생각하지 않는다면 인간관계에서 자신이 바라는 신뢰를 얻기 힘들 뿐 아니라 자신의 의도와는 다른 역효과를 보기도 한다. 손뼉도 마주쳐야 소리가 나듯 상대방을 이해하고 배려하는 마음가짐이 있을 때 상대방 또한 나에게 신뢰의 마음을 갖게 되는 것이며 그럼으로써 서로의 생각의 차이가 있는 이견(異見)을 좁히고 함께할 수 있는 에너지가 창출되는 것이다.

자신과 뜻이 맞지 않는 사람이라고 해서 함부로 무시하거나 외면한다면, 편협적인 인간관계가 형성될 수밖에 없다. 왜냐하면 상대방 또한 본능적인 느낌으로 자신을 피하는 당신을 피할 것이기 때문이다.

우리는 어린 시절, 건강하게 성장하기 위해서는 음식을 골고루 섭취해야 한다는 부모님의 말을 들으며 자랐을 것이다. 즉, 자신이 좋아하는 음식만 섭취하는 편식은 바른 성장을 위해서 좋지 않다는 교육을 받았다. 이와 마찬가지로 자신이 선호하는 성품을 가진 사람과의 관계는 누구나 좋은 관계를 형성할 수 있는 수월한 일이다. 하지만 사람은 자신만의 고유한 개성을 지니고 있기 때문에 인간관계는 무척 다양하고 복잡한 구조인 것을 이해해야 한다. 독불장군처럼 자신만의 생각을 고집하며 일방통행식의 행보로 삶을 유지하기란, 마치 먼 길을 한 다리로만 걸어서 가는 것과 같은 힘들고 불가능한 일이다. 상대방의 생각은 자신의 생각과 다를 수 있다는 것을 이해하고, 상대방을 존중하는 대화습관을 갖는 것이 좋은 인간관계를 형성하는 길이다.

갈등은 빨리 해결하라

상대방을 존중하는 마음이 깃들어 있는 대화는 순조로운

인간관계의 기본이 된다. 서로를 핵단추로 위협하던 북한과 미국의 상황변화 역시 상대의 입장을 이해하고 자신의 주장을 자제함으로써 시작되었다. 일단 대화자리가 마련되었으니 필요한 것은 서로의 입장을 이해하고 배려하는 마음을 갖고 듣는 순서가 남아있다. 그래야 복잡하게 얽혀있는 갈등의 실마리를 풀 수 있을 것이다.

오스트리아의 신경학자이며 정신분석학의 창시자인 지그문트 프로이트는 '상대방을 향해 돌을 던지는 대신 최초로 대화를 시도할 때부터 인류의 문명은 시작되었다'고 하였다.

역사서에는 기록되어 있지 않지만 아득한 옛날, 갈등해결을 위해 비로소 만남의 자리를 마련한 그 벌판에서의 원시부족 간 우두머리회담은, 폭력이 난무하는 시대에서 대화의 시대로 진입한 인류문명의 상징적인 사건이었으리라. 그날, 회담장 주변 초원에 구름처럼 모인 원시시대의 사람들은 싸움의 두려움에서 벗어난 기쁨에 겨워 자신들의 거주지에 보관하고 있던 사냥의 획득물들을 서로 나누며 어울려서 춤을 추었을 것이다. 개인 간의 문제이든, 국가 간의 문제이든 대화가 지속적으로 필요한 이유다. 서로가 만족하는 성공적인 대화자리에는 기본적으로 상대방을 존중하는 배려심이 자리하고 있다.

상대방의 관점을 존중하라

　사람의 삶에는 필연적으로 타인과 물러설 수 없는 치열한 논쟁을 벌일 때가 있다. 논쟁의 자리에서 자신의 주장을 좀처럼 굽히지 않는 것은 인간의 본능이기도 하다. 하지만 자신의 주장만을 고집하며 조금의 물러섬도 없이 반드시 자신의 주장을 관철시키려는 논쟁의 결과는, 대부분 좋은 결론을 짓지 못하고 심한 다툼으로 변하기도 하며 때로는 돌이킬 수 없는 적대적 관계가 형성되기도 한다. 이러한 현상은 서로 추구하는 바가 다른, 상대방을 존중하지 않기 때문에 생기는 현상이다. 상대방의 의견을 존중하고 배려하는 마음이 없는 상태에서는 설사 상대방의 의견이 옳다는 생각이 있을지라도 좀처럼 상대방의 의견을 인정하지 않게 된다. 말로 시작한 논쟁이 결국 이성이 사라진 주먹다툼으로까지 번지는 것은, 대화로써 서로의 차이를 극복하지 못하면 화를 내거나 나아가 물리적인 힘을 사용할 수밖에 없기 때문이다.

모든 일을 승리와 패배의 관점으로 바라보는 사람이 있다. 하지만 세상은 좁은 눈으로 바라보면 승리한 것 같지만 실제로는 패배하고, 패배한 것 같지만 넓고 긴 안목으로 보면 승리하는 일들이 비일비재하게 일어나고 있다.

자신과 다른 의견일지라도 그것이 옳은 생각이라는 것을 알았다면, 자신의 뜻을 굽히고 옳은 것을 인정하는 것은 결코 패배를 의미하는 것이 아니다. 그것은 진정 용기가 있는 사람이 할 수 있는 일이다. 오히려 자신의 잘못된 점을 느끼면서도 인정을 못하는 것이 실제적인 패배인 것이다. 자신의 잘못을 인정하지 못하고 갈등하는 시간이 길어질수록 문제가 해결되는 시간 또한 길어진다는 것을 알아야 한다. 잘못한 일이나 실수를 순순히 인정하지 못하기 때문에 괴로움의 시간을 보내는 것이다.

세상을 살면서 지나온 일을 돌아보면, 잘못한 일 또는 자신의 부족한 점에 대하여 솔직히 인정하고 사과하는 순간부터, 인간관계가 회복되고 마음의 평화가 시작되었다는 것을 느낀 경험이 있을 것이다.

자신을 향해 날카로운 비판의 칼날을 들이대는 사람일지라도 자신이 그것을 솔직하게 인정하고 용서를 바라는 순간, 상대방의 눈빛은 부드러워질 것이다. 상대방의 비판을 겸허하게 받아들인다면 누구라도 적의를 품지 않을 것이며 오히려 더욱 신뢰하고 베풀어 주고 싶은 것이 사람의 마음이다. 사람에게는 약자를 보호하고 싶은 측은지심(惻隱至深), 즉 인간의 가슴속엔 본능적으로 배려의 마음이 있기 때문이다. 잘못을 인정하는 순간, 적은 없는 것이다.

편견은 마음의 벽을 만든다

삶을 살아가다보면 종종 인간관계에 심각한 단절이 생기는 수가 있다. 이럴 경우 현명한 행동은 누구의 잘못을 탓하기 전에 잘못된 지금의 상황을 냉정한 마음으로 점검하는 시간을 갖고 생각해보아야 한다. 인간관계에서의 대부분의 갈등이 상대방의 입장을 이해하는 배려심이 부족했기 때문에 생기는 일이다. 사람은 본능적으로 자신의 일에 관심을 높다. 그래서 위험이 생겼을 때, 자신의 입장을 먼저 생각하게 된다. 그러함에도 자신이 곤경에 처했을 때는 자신의 입장을 이해하지 않는 누군가를 원망한다.

　인간관계에서 언제나 발생할 수 있는 갈등은 대화를 통해서 가능한 빨리 해결해야 한다. 갈등을 마음속에 안고 있으면서도 그러한 상황을 일시적으로 회피하다가 돌이킬 수 없는 통제 불능의 상태에 빠지는 경우를 우리는 흔히 볼 수 있다. 그러한 상황이 자신에게 닥쳤다면, 내가 먼저 용기를 내어서 하루라도 빨리 서로에게 생긴 불신의 벽을 허물기 위한 화해를 청하는 것이 좋다. 그럼으로써 상대방을 이해하게 되었다면 더욱 돈독한 사이가 될 수 있는 기회가 되는 것이다. 화해를 위한 대화자리에서 가장 중요한 것은, 상대방의 말을 잘 들어주며 진심으로 상대방을 존중한다는 느낌을 주는 진솔한 마음이다.

배려하는 사람이 성공한다

배려는 상대방의 입장을 생각한 마음이지만 그것에 대한
보답은 자신에게 돌아오는 것이다. 다른 사람에게 배려심이 있
는 사람의 특징은, 상대방의 의사를 존중한다, 약속을 잘 지킨다,
여유가 있다 등등… 성공의 요소들과 같다는 것을 알 수 있다.
다른 사람을 배려하는 마음이 습관이 된 사람은, 깊이 있게 생각
하고 사려 깊게 말하며 신중하게 행동한다. 그 이유는 자신은 악
의 없이 한 말과 행동이지만 자신의 말과 행동이 혹여 다른 사람
에겐 상처가 될 수 있다는 것을 경계하기 때문이다.

성공하는 사람들의 그러한 배려의 마음은 여유로움과 자
신감에서 나온다. 또한 배려심이 깊은 사람은 힘든 일도 수월하

게 한다. 그것은 다른 사람의 입장에서 생각해 보는 것이 습관이 되어있기 때문이다. 그들은 자신이 하기 싫고 힘들어 하는 일은 누구도 하기 싫고 힘들다는 것을 알기 때문에 솔선해서 긍정적인 마음으로 그 일을 하는 것이다. 그렇기에 배려심이 몸에 배인 사람은 성공할 확률이 높다. 그 이유는 긍정적으로 솔선해서일을 하므로 좋은 사람을 만날 확률이 높기 때문이다. 배려는 돈한 푼 안들이고 언제라도 할 수 있는 세상을 가장 순조롭게 살아가는 최상의 방법이다.

부드러운 말투

성공하는 사람들의 공통적인 특징 중에는 대화자리에서상대방을 배려하는 부드러운 말투가 습관이 되어 있다는 것이다. 그들은 공격적인 거친 말투나 상대를 비하하는 말은 상대방의 자존심을 상하게 할 뿐 아니라 마음속에 깊은 상처를 줄 수 있음을 알기 때문이다. 자신이 하는 말에 크게 신경 쓰지 않고 무심코 하는 한마디 말이 누군가에게는 평생 잊지 못할 서운한 감정으로 가슴에 맺혀 있을 수 있다는 것을 명심해야 한다. 그러므로 말은 항상 조심해서 사용하고 말투는 평소에 갈고 닦는 노력을 소홀히 하면 안 된다.

인간관계는 상대적인 것이기 때문에 만일 누군가 내게 두 주먹을 불끈 쥐고 달려든다면 나 역시 반사적으로 두 주먹을 움켜쥐고 저항할 수밖에 없을 것이다. 하지만 상대방이 온화한 모습으로 차분하게 대화를 청한다면, 나 역시 차분한 마음으로 대화에 임할 수 있을 것이다. 이렇듯 상대를 존중하는 분위기 속에서 서로의 견해가 다른 것은 무엇인지, 서로에게 무엇을 양보할 수 있는지를 요모조모 대화로 풀어가다 보면 서로의 마음을 이해할 수 있고, 화합하여 창의적인 힘을 발휘할 수 있는 계기를 찾을 수 있는 것이다.

말은 자신의 생각을 상대방에게 전달할 수 있는 가장 부드럽고 강력한 도구다. 하지만 그것을 잘 사용하기 위해서는 올바른 사용법을 숙지해야 한다. 우리는 값비싼 물건을 구입했을 경우, 그것을 깨끗하게 오랫동안 사용하기 위해서 정확한 사용법을 숙지한다. 가령 유행하는 최신 스마트 폰을 구입했다면 그것의 특성이나 활용법 등을 올바르게 습득하는 것이 첨단과학의 집합체인 스마트 폰의 혜택을 누리는 최상의 방법이다. 이와 같이 언행(言行) 또한 올바른 사용법을 숙지하여 바르게 사용한다면, 그 혜택과 성과는 매우 클 것이다. 사랑하고 있는 연인에게 사용하면 자신이 바라고 있는 사랑이, 또한 자신이 꿈꾸고 있는 목표가 성큼성큼 다가오는 기쁨으로 보답할 것이다.

상대의 의견에 공감하는 성품

다른 사람의 의견을 존중하고 공감하는 성품 또한 성공하는 사람들의 특징이며 상대를 배려하는 마음에서 나온다. 공감은 진심으로 상대를 이해하는 것이며 다른 사람의 개성을 존중하는 것이다. 어른에 대한 존경, 아랫사람에 대한 존중, 가족에 대한 믿음, 연인에 대한 사랑 등 자신의 주위에 있는 많은 사람들과 더불어 사회생활을 해야 하는 우리가 공감의 마음을 베풀 범위는 매우 다양하고 넓기 때문에 상대를 존중하는 마음과 함께 배려가 담긴 말을 적절하게 사용한다면 누구라도 나의 마음을 소중히 받아들일 것이며 그에 대한 보답은 반드시 배가되어 돌아올 것이다.

공감 능력이 뛰어난 사람의 특징은 다른 사람의 말을 잘 듣고 이해하며 부드러운 말과 말투로 자신의 이야기를 할 수 있는 사람이다. 그러한 사람과 함께하면 일단 마음이 편하다는 느낌을 받는다. 그것은 좋은 표정으로 상대방의 의견에 공감하는 반응을 보이는 특성이 있기 때문이다.

결혼 적령기의 남녀에게 인연을 맺어주는 TV 프로그램을 시청한 적이 있다. 프로그램의 내용은 출연자들이 처음으로 느낀 마음에 드는 사람과 데이트를 한 후, 상대방에게서 느낀 감정을 표현하며 서로의 파트너를 찾는 과정을 생생하게 담는 내용이었다. 출연자들은 처음에는 상대방에 대하여 아무런 정보가 없기 때문에 자기소개와 짧은 대화를 나누는 시간을 가졌다. 상대에 대한 정보가 없는 상태에서 호감을 갖게 되는 것은 단연코 외모였다. 예상한 대로 처음 호감도 투표에서 5명의 남성 중 3명의 남성이 외모가 뛰어난 여성에게 호감을 표했다. 내가 보아도 다수의 남성에게 선택을 받은 여성의 외모는 출연자 중 단연 돋보였다. 하지만 방송의 횟수가 거듭될수록 외모가 뛰어난 여성보다는 다른 여성이 남성들의 호감을 많이 받았다. 그 이유는, 처음 남성들의 관심을 한 몸에 받은 여성은 상대방과의 대화에 공감하는 반응을 잘 보이지 않고 때로는 무표정한 모습을 보이기도 했지만 남성들의 표를 많이 받은 여성은 상대방과의 대화에서 공감되는 부분이 있으면 손뼉을 치며 "맞아요! 저도 동감해요!"라는 등 상대의 의견에 적극적으로 공감하는 반응을 보이는 것이었다.

남성들은 자신의 말이 잘 통하고 자신의 이야기에 적극적인 반응으로 공감해주는 여성에게 호감을 보였고 마지막 속마음을 결정하는 순간, 그 여성은 두 명의 남성에게 선택을 받을 수 있었다. 상대방의 뜻을 존중하는 공감능력은 사랑도 쟁취하게 한다.

배려는 신의 마음

배려하는 마음은 흥부에게 제비가 물어다준 박 씨와 같다고 할 수 있다. 흥부는 다리가 부러진 제비가 불쌍해서 치료를 해주었지만 제비에게는 흥부가 생명의 은인이었던 것이다. 그래서 제비는 흥부에게 은혜의 보답으로 온갖 보물이 가득 담긴 박 씨를 흥부에게 물어다 주었다. 지금은 흥부이야기가 초등학교 교과서에 실려 있는지를 확인하지 못했지만 다른 이의 입장을 이해하며 배려하고 공감하는 마음은 성공의 발판이 된다는 것을 새삼 깨닫게 하는 이야기라는 생각을 했다.

몹시 추운 겨울 어느 날, 어린 소년이 맨발로 신발가게 앞에서 진열장 안을 들여다보고 있었다. 그 모습을 본 어느 부인이 소년에게 다가가 물었다.

"애야! 날씨가 이렇게 추운데 맨발로 진열장 안을 그렇게 쳐다보는 이유라도 있니?"

"저는 지금 하느님께 신발 한 켤레만 달라고 기도하고 있는 중이에요."

소년의 말에 부인은 아이의 손을 잡고 신발가게 안으로 들어갔다. 부인은 양말과 신발을 주문하고 따뜻한 물을 부탁하여 손수 소년의 발을 씻긴 후 수건으로 물기를 닦아주었다. 그리고는 양말과 신발을 신겨주었다. 소년의 차가운 발에 차츰 따뜻한 온기가 돌기 시작했다. 하지만 소년은 무슨 영문인지 모르는 표정으로 부인을 쳐다보았다.

"애야, 의심하지 말거라. 자, 이제 발이 따뜻해졌니?"

소년은 엷은 미소를 띠고 말없이 고개를 끄덕였다. 그리고는 부인의 손을 살며시 잡고는 말했다.

"아줌마가 하느님의 부인이세요?"

배려는 신의 마음이 깃든 마음 씀씀이다.

성공하는 사람의 특징

　　성공하는 사람들의 공통적인 특징 중의 하나는 언어구사
능력이 뛰어나다는 것이다. 언어구사력이 뛰어나다는 것은 대
화상대의 나이, 직업, 성향 등을 고려하여 상대방에게 맞춘 언
어를 사용한다는 것이다. 상대방에게 맞춤언어를 사용할 능력
이 있다는 것은, 지성(知性)을 갖추었음을 의미한다. 지성은 사물
의 이치를 이해하고 판단하는 능력을 말하는데, 자신이 경험하
고 터득한 지식들이 서로 어울려 형성된 성품이라고 할 수 있다.
일반 사람들이 이해하기 힘든 문제를 이해하기 힘들게 설명하는
사람은 지식은 많을지 모르나 지혜는 부족하다는 것을 나타내는
것이며, 어려운 말을 쉽게 이해할 수 있는 언어구사능력을 갖춘

사람이 지성을 갖춘 지혜로운 사람이라고 할 수 있다. 지성을 갖춘 사람의 말은 누구라도 쉽게 알아들을 수 있기 때문에 설득력이 있고, 논리적이고 타당하기에 긍정적이다. 또한 듣는 사람에게 궁금증을 남기지 않으며 시원하고 막힘이 없다. 그렇기 때문에 사람들은 지성을 갖춘 사람을 신뢰하며 따르는 것이다.

우리는 종종 여러 사람이 함께하는 대화자리에 참석하는 경우가 있다. 그 자리에는 말을 잘하는 사람, 욕을 습관적으로 하는 사람, 목소리가 엄청 큰 사람, 말수가 없는 조용한 사람 등 각각의 개성을 소유한 사람들이 한 자리에 있다. 이런 모임의 자리에서도 지성을 갖춘 사람은 모든 사람을 고루 배려한다는 특징이 있다. 즉, 언어구사능력이 뛰어난 사람은 갖가지 성향의 사람들을 자신의 말에 집중하게 할 수 있는 능력이 있다. 그러기에 성공을 위한 중요한 키를 손에 쥐고 있는 것과 같다고 할 수 있다. 그 이유는 자신의 뜻을 널리 펼칠 기회를 놓치지 않으며, 그의 주장에 호응하는 사람들이 그를 믿고 따르기 때문이다.

거절을 잘한다

성공하는 사람의 또 다른 특징 중 하나는 거절을 잘 한다는 것이다. 사람은 누구나 일상생활에서 다른 사람들과 도움을 주고받으며 살아간다. 인간관계에서 서로서로 도움이 된다는 것은 바람직한 일이다. 하지만 친한 친구의 부탁이기 때문에, 마음이 약해서 등등의 이유로 자신의 능력이 부족한데도 무리한 약속을 하는 일이 있다. 하지만 약속은 했지만 그것을 지키지 못해서 자기 스스로 그 약속의 올가미에서 헤어 나오지 못하고 서로가 난처한 처지에 빠지는 경험이 있을 것이다. 단지 미안하다는 생각으로 또는 순간적인 잘못된 판단으로 지키지 못할 약속을 함으로써 곤경에 빠지게 되고 인간관계가 악화되기도 한다.

자신의 능력이 부족함에도 약속을 하는 것은, 홍수로 터진 강의 둑을 자신의 팔로 우선 막고 버티는 행위와 같은 어리석은 행동이다. 자신의 능력이 안 된다는 것을 스스로 판단했다면 그 부탁은 거절하는 것이 옳은 행동이다. 그리고 자신의 부탁을 거절한 일에 대하여 악담을 퍼뜨리는 등의 행위를 하는 사람이라면, 애초에 만나지 말아야할 사람이라고 생각하여 단호하게 관계를 끊는 것도 생각해 보아야 할 일이다.

거절은 남의 평판이나 인간관계에 얽매이지 않고 자신을 스스로 통제하는 결단이 필요한 행위이다. 자신의 능력이 미치지 못할 때는 적절한 거절 또한 용기인 것이다. 성공하는 사람은 누군가의 부탁을 들어주지 못하고 거절을 하더라도 상대방의 자존심이 상하지 않도록 상대방을 배려하는 마음을 갖춘 사람이다.

약속을 잘 지킨다

성공하는 사람은 약속을 잘 지킨다는 공통점이 있다. 현대 사회는 신용사회다. 신용을 인정받은 사람은 성공의 바탕을 이미 다져놓은 것과 같다고 할 수 있다. 왜냐하면 온 사회가 그를 도와주기 때문이다.

신용을 쌓은 사람은 돈 걱정을 할 필요가 없다. 문턱이 높다는 은행조차도 신용이 좋은 사람에게는 '신용대출'이라는 명목으로 자기 은행의 돈 좀 사용하라며 온갖 서비스를 제공한다. 반면, 신용을 잃은 사람은 평생 돈 걱정을 하며 살아갈 수밖에 없다. 왜냐하면 그는 가족, 친구, 동료, 나아가 금융기관 등으로부터 외면을 당하기 때문이다. 신뢰를 잃은 사람은, 이러한 세상의 인심을 불평등하다고 원망할지라도 그러한 상황을 만든 책임은 평소 약속을 잘 지키지 않은 자신의 책임이라는 것을 알아야 한다. 약속을 잘 지키는 사람은 잘 살고, 약속을 잘 지키지 않는 사람이 어렵게 사는 것은, 어느 시대나 전반적으로 잘 지켜지는 사회적인 현상이다. 이와 같이 사회의 구조는 약속을 바탕으로 이루어져 있기 때문에 약속을 안 지키는 사람은 성공할 수 없다.

선진국과 후진국을 구분하는 기준은 경제적인 부의 많고 적음에 있는 것이 아니다. 그것은 약속을 잘 지키는 국민성의 유무로 결정되는 것이다. 왜냐하면 약속을 잘 지키지 않는 사람이 많은 국가는 절대 선진국이 될 수 없는 세상의 구조이기 때문이다. 설사 천혜의 자연적인 혜택으로 인해 많은 돈을 쌓아놓고 국민들에게 각종 복지정책으로 인하여 풍족한 삶을 누리며 산다고 하여도 그들 국가를 선진국이라고 하지 않는다. 그것은 근면과 노동, 창의력 등의 약속된 행동으로 이룬 부가 아니기 때문이다.

우리는 이미 성공하는 방법을 배웠다

세계적인 에세이스트인 로버트 풀검(Robert Fulghum)은 자신의 저서 〈내가 정말 알아야할 모든 것은 유치원에서 배웠다〉에서 다음과 같이 저술하고 있다.

「우리는 유치원에서 성공하는 삶을 사는 사람이 되기 위해서는 어떻게 행동하여야 하는지에 대해서 이미 배웠다. 우리가 유치원에서 배운 내용은 다음과 같다.

> 무엇이든 나누어가져라.
>
> 공정하게 행동하라.
>
> 친구를 때리지 말라.
>
> 사용한 물건은 제자리에 놓아라.
>
> 자신이 어지럽힌 물건은 스스로 치워라.
>
> 내 것이 아니면 가져가지 말라.
>
> 다른 사람을 아프게 했다면 미안하다고 말하라.
>
> 음식을 먹기 전에는 손을 씻어라.
>
> 변기를 사용한 뒤에는 물을 내려라.

유치원에서 배운 내용은 위에서 보는바와 같이 다른 사람을 배려하는 것이 바탕이 되고 있음을 알 수 있다. 이렇듯 우리는 성공하는 사람들이 공통적으로 실천하는 행동의 법칙을 이미 배웠다.

내가 그의 이름을 불러주었을 때

성공하는 사람들의 특징에는 상대방의 이름과 직함을 명확히 숙지하고 활용한다는 것도 있다. 대화상대의 이름과 직함을 잘 기억하려면 대화 중에 이름과 직함을 적절히 불러주는 것이 좋은 방법이다. 혹시 상대방과 인사를 나누며 소개를 받았는데 잘 알아듣지 못했다면 양해의 말과 함께 다시 물어보는 것이 좋다. 사람은 누구나 자신에게 관심을 갖는 사람과 이야기를 나누고 싶어 한다.

세상에 존재하는 모든 사물은 제각각의 의미가 담겨있는 이름을 갖고 있다. 거리의 수많은 건물이나 상가의 상점들도 저마다 건물명과 상호를 갖고 있으며 그것을 사람들의 뇌리에 좋은 이미지로 기억될 수 있도록 노력을 기울인다. 하지만 사람들은 자신에게 필요하다고 생각하는 이름이나 상호는 잊지 않기 위해 기억하고 또는 수첩에 기록하지만, 그렇지 않으면 소홀히 지나쳐버리기 때문에 잘 기억하지 못한다. 이름을 기억하는 것 역시 상대방에 대한 배려의 마음이 있어야 자신의 뇌리 속에 남는 것이다.

사람은 꽃이 되고 싶은 존재다

학창시절, 국어선생님이 낭송하는 김춘수 시인의 '꽃'이라는 시를 들으며 얼마나 가슴이 설레었던가.

내가 그의 이름을 불러 주기 전에는

그는 다만

하나의 몸짓에 지나지 않았다

내가 그의 이름을 불러 주었을 때

그는 나에게로 와서

꽃이 되었다.

내가 그의 이름을 불러준 것처럼

나의 이 빛깔과 향기에 알맞은

누가 나의 이름을 불러다오

그에게로 가서 나도 꽃이 되고 싶다

우리들은 모두

무엇이 되고 싶다.

나는 너에게, 너는 나에게

잊히지 않는 하나의 의미가 되고 싶다

　　김춘수 시인의 시에서처럼 인간은 누군가의 마음에 아름
다운 꽃이 되고 싶어 하는 존재다.

내 이름을 그대에게 남기고 싶다

'하늘은 녹(祿)이 없는 사람을 내지 않고, 땅은 이름 없는 풀을 내지 않는다.'는 말이 있다. 세상에 존재하는 모든 사물은 이름이 주어짐으로써 비로소 의미를 얻게 되고 존재가치를 지니게 된다. 특히 인간은 자신의 이름에 깊은 애착을 갖고 있다. 좋은 사람으로 알려지고, 남겨지고 싶어 한다. 그래서 도서관의 책, 박물관의 값비싼 소장품 중에는 기증자의 이름이 새겨져 있는 경우가 많고, 교회에도 기증자의 이름이 새겨진 스테인글라스 유리창을 볼 수 있다. 정치가들은 반드시 후원자의 이름을 숙지하여 정기적으로 감사의 마음을 전하는데 그들에게 있어 후원자들의 지원이 중단되는 일이 없게 하는 것은 큰 정치적 수완이다.

이름이 잊혀 졌다는 것은, 곧 자신의 존재가 사라진다는 것을 의미한다. 이름은 단지 몇 자에 불과하지만 상대로부터 자신의 이름이 불렸을 때의 시너지 효과는 상당하다. 상대의 이름을 기억하는 것이 때로는 입에 발린 아첨보다 더욱 큰 효과를 낼 수 있다. 하지만 많은 사람의 이름을 항상 기억하고 있기란 참 쉽지 않은 일이다. 대개 초면인 사람과 잠시 대화를 나눈 뒤 헤어지고 돌아서면 상대의 이름을 기억하지 못하는 경우가 많다. 이름은 다른 것과 구별하기 위해 사람, 사물, 현상 등에 붙여져 그 전체를 한 단어로 대표되는 것이다.

"자기 것인데 남이 더 많이 쓰는 것이 무엇일까요?"라는 수수께끼의 답으로 쓰이기도 한다.

호칭을 정확히 사용하라

미국의 저명한 철학자 존 듀이는 "인간의 가장 큰 욕망 중 하나는 아무리 평범한 사람이라도 중요한 인물이 되고자 하는 욕구를 가지고 있으며 또한 자신의 위치를 확인할 수 있는 직위나 신분을 자랑하고 싶어 한다."고 말했다.

미국의 초대 대통령 조지 워싱턴은 반드시 "미 합중국 대통령 각하"라고 불러주기를 원했으며, 콜럼버스는 '해군 대 제독' 또는 '인도 총독'이라는 칭호로 불리기를 원했다. 러시아의 캐서린 여왕은 '폐하'라는 호칭이 없는 편지는 거들떠보지도 않았다. 즉 인간이 지닌 본성 중에 '남의 인정을 받고자 하는 갈망'이 있는 것이다. 그렇다면 우리의 일상생활에서도 이름이나 호칭을 잊지 않고 불러주는 것은, 상대방과 자신의 관계를 공고히 하는 방법이 될 수 있다는 것을 알 수 있다. 호칭은 단순히 어떤 대상을 부르는 것에 그치는 것이 아니라 인간관계를 명확하게 설정해 주는 힘을 가진 언어수단이다. 그렇기에 호칭은 공동체 사회에서 자신의 존재를 한 마디로 대변하는 것이다.

직장 생활에서 올바르게 호칭을 사용하는 직원을 직장의 상사는 일단 유능한 사람이라고 판단하고 눈 여겨 보고 있다는 것을 알아야 한다. 그래서 직장에서 인사권을 갖고 있는 상사는 좋은 자리에 인원의 충원이 생길 때 자신의 머릿속에 입력되어 있는 직원을 생각한다. 상사의 머릿속에 입력되어 있는 사람은 자신의 호칭을 명확하게 불러준 직원이다.

호칭의 올바른 사용법을 숙지한다면 좋은 자리의 인사를 결정하는 상사의 마음에 자신이 담길 날이 곧 올 것이다.

미국의 32대 대통령 프랭클린 루즈벨트(Franklin Delano Roosevelt)는 백악관의 허드렛일을 하는 고용인들에게도 존경을 받았으며 그들이 스스럼없이 대통령의 이름을 다정하게 부르며 따를 정도로 절대적인 인기의 소유자였다. 그가 퇴임 후에 백악관을 방문하여 처음으로 한 행동은, 백악관을 관리하는 관리인들의 숙소를 방문하는 일이었다. 루즈벨트는 재임 시절 자신과 함께 일하던 고용인들의 이름을 한 사람도 빠짐없이 기억하여 그들의 이름을 친근하게 부르며 안부를 물었다. 이에 백악관에 근무하던 사람들은 반가운 사람, 루즈벨트의 이름을 부르며 재회의 기쁨을 나누었다.

사람은 진심에서 우러나오는 관심을 보이면 반드시 그에 상응하는 호의를 보이는 존재다.

/ 2장 / **언어의 품격**

언어는 무게를 담고 있다

우리가 사용하는 언어에는 무게가 담겨 있다. 즉 그 사람의 인성과 품격을 담고 있는 것이다. 기본적인 예의조차 찾아볼 수 없는 언어습관을 지니고 있는 사람, 혐오감을 주는 말을 아무렇지도 않게 사용하는 언어습관을 갖고 있는 사람 등을 우리는 주위에서 볼 수 있다. 그들은 말을 아무생각 없이 습관적으로 사용하고 있지만 정제되지 않은 말을 함부로 사용하는 것은 마치 옷을 벗고 거리를 활보하며 돌아다니는 것과 같은 부끄러운 일이다. 언어에는 각각의 온도가 있으며 무게를 담고 있다. 말 한 마디에 일순간 화기애애하던 분위기가 차갑게 변하기도 하고, 진정성 있는 말 한 마디에 굳어있던 마음이 풀리기도 한다.

자신이 사용하는 언어에 멋진 옷을 입히자

사람들은 자신의 신체 특성에 잘 어울리는 의상을 선택하기 위해 고민한다. 이와 같은 고민이 자신이 사용하는 언어에도 필요하다. 고상하고 품격 있는 스타일의 언어와 말투를 자신이 사용하는 말과 언어습관에 입혀야 한다.

성공하는 사람들은 겉으로 드러나는 옷맵시나 외모에도 마음을 쓰지만 특히 자신의 품위를 지키는 가장 좋은 방법이 품격 있는 언어를 사용할 때라는 것을 깊이 인지하고 있다. 때문에 그들은 자신의 개성에 맞추어 품격 있는 언어를 계발하는 노력을 게을리 하지 않는다. 품격 있는 언어는 주위의 사람을 행복하게 한다. 행복은 매우 단순한 것이라서 한 마디의 칭찬이나 찬사에서도 느낄 수 있다. 그렇다면 다른 사람의 잘한 일, 옳은 일에 대하여 진심을 담은 한 마디 말,

"잘 했어요.", "수고 했어요.", "고마워요.", "감사해요." 등등 행복을 전해주는 품격 있는 말을 아낌없이 전해야 한다.

오늘부터 당장, 품격이 있는 말들을 사용하도록 해보자. 우선 자신의 가까이에 있는 부모님, 아내, 남편, 아이들, 그리고 이웃에게 사용하자. 다른 사람에게 기쁨을 주는 품격 있는 언어를

사용하는 것만으로도 우리는 마음이 통할 수 있는 공동체, 한 가족임을 느끼게 할 것이다.

좋은 언어습관은 행복한 인생을 만든다

누구나 세상에 태어난 이상 자신의 삶이 행복한 인생이 되기를 원한다. 그렇지만 행복한 인생을 만들기 위해서는 자신의 노력도 중요하지만 다른 사람에게 자신을 가치 있는 사람으로 인식하게 하는 노력 또한 필요하다. 그 과정 중에 반드시 필요한 것이 좋은 언어습관을 습득하는 일이다. 좋은 언어습관은 자신의 인생을 긍정적인 방향으로 향하게 하는 기초가 된다.

누구나의 인생 앞에는 수많은 길이 펼쳐져 있다. 그 수없이 많은 길 중, 자신의 마음대로 선택할 수 있는 자신만의 인생길이지만 자신이 가고자 마음을 정한 길이 긍정적인 방향으로 향하고 있다면, 그 길에는 마음이 풍요롭고 배려하는 마음을 갖춘 많은 사람들이 기다리고 있을 것이다. 즉, 좋은 에너지를 갖춘 사람들과 희망의 일들이 기다리고 있다는 것이다. 그들과 함께하는 길은 좋은 습관과 좋은 품격을 갖출 수 있는 길이기에 자연스럽게 행복한 인생이 형성된다. 또한 그들과 함께하는 대화자리는 서로를 존중하는 배려의 마음이 함께한다.

서로를 배려하는 대화자리는 즐겁고 행복하다. 그들의 대화하는 모습은 무엇이 그리 즐거운지, 부럽고 궁금한 마음이 들어서 살짝 엿듣고 싶은 충동이 일 때도 있다.

하지만 반면, 상스러운 욕설을 섞어 대화하는 사람들의 곁에는 사람들이 가지 않는다. 혹은 모르고 주위에 앉았다가도 그 자리를 피한다. 그들이 모여 대화하는 모습을 지켜보면, 그들이 사용하는 언어의 모양이 어찌 그리 똑같은지 놀랍다. 그들이 주위를 인식하지 않고 내뱉는 험한 소리에 슬프고 안타까운 마음이 들기도 한다.

함께 자주 어울리는 사람 5명의 평균이 나라는 말이 있다. 이렇듯 서로 사용하는 언어와 말투가 비슷하고 행동이 통하는 사람들끼리 모이는 것이다. 언어습관이 다른 사람들은 한 자리에서 원활한 대화를 할 수 없다.

어느 국가나 그 나라의 미래인 청소년들의 언어는 그 국가의 미래를 결정하는 바로미터가 된다. 대한민국의 청소년들이 자신의 모습을 드러내지 않는 온라인에서의 소통이, 걱정스러울 정도의 언어가 난무하는 것은 미래가 불투명하고 불안하기 때문에 나타나는 현상이다. 이러한 풍토는 미래의 밝은 청사진을 제시하지 못하는 국가의 책임이 크다고 할 수 있다. 청소년들에게 행복한 미래를 보장하는 것이 최상의 목표인 교육정책이 사명감을 갖고 계획적으로 해결해야 할 문제다. 미래가 희망적으로 보장된 나라에 살고 있는 청소년들의 언어가 어찌 온화하고 희망적이지 않겠는가.

단어는 언어의 지문이다

텍사스 대학교 심리학과 교수 제임스 W. 페니베이커는 자신의 저서 〈단어의 사생활〉에 다음과 같이 기록하고 있다.

'사람은 언어의 사용을 습관이 되어 무의식적으로 말을 하지만 그가 사용하는 단어를 보면, 그가 어떤 사람인지를 알 수 있다.'

사람은 사회생활을 하면서 하루 1만 6천여 개의 단어를 사용한다고 한다. 사람마다 단어를 사용하는 특징적인 스타일이 있고, 거의 무의식적으로 사용하는 단어를 통해 자신이 어떤 사람인지를 드러낸다는 것이다. 누군가와 대화를 한 후, 그가 한 말을 분석해보면 그가 무심코 내뱉는 사소한 단어에 자신이 어떤 사람인지를 나타내고 있는 단서가 있다고 한다. 범죄 수사에서 범인은 지문을 남긴다는 말이 있듯이 대화자리에서 사용하는 언어는 그 사람의 성품과 인격을 발견할 수 있는 지문과 같은 역할을 한다는 것이다.

또한 사람들은 습관적으로 사용하기 때문에 인지하지 못하지만, 습관적으로 사용하는 언어 중, '인칭 대명사·지시 대명사·접속사·조사' 등을 '기능어'라고 하는데, 기능어는 문장 속에 숨어 있기 때문에 의식하지 않고 사용하지만 기능어를 사용하는 언어습관을 살펴보면, 그 사람의 성격, 지위, 심리 등을 파악할 수 있다고 한다.

페니베이커 교수는 다양한 분야의 사람이 기록한 글 또는 말을 분석하여 '나'의 관점에서 말을 하고 글을 쓰는가, 또는 '우리'의 관점에서 말을 하고 글을 쓰는가에 따라 그 사람의 사회적 지위를 반영한다는 것을 연구했다. 연구 결과, 지위가 높은 사람일수록 '우리'를 많이 쓰고, 사회적 지위가 낮은 사람일수록 '저',

또는 '나'와 같은, 상대방에게 자신을 나타내는 단어를 자신도 모르게 사용한다고 한다.

〈단어의 사생활〉에는 다음과 같은 내용도 있다.

> 「사람들이 자신이 다니는 회사에 대해 '우리 회사' 또는 '내가 다니는 회사'라고 하지 않고 "저 회사", "그 회사"라고 말하며 회사의 동료들을 가리켜 "그 사람들"이라고 부른다면 그는 이미 그 회사의 직원이라고 볼 수 없다. 관리자는 마땅한 조치를 취해야 한다.」

익숙한 단어 재 정의하기

우리에게는 단어의 뜻을 정확히 이해하지 못하고 의미 없이 습관적으로 자주 사용하는 단어들이 있다. 자신도 모르게 무의식적으로 자주 사용하던 단어들, 그 단어들의 의미와 뜻을 모르고 사용한다면 그것은 자신을 그럴듯하게 보이게 하는 겉 포장지와 같은 단어들일 수 있다.

도연스님. 스님은 자신의 목표였던 물리학자를 꿈꾸며 한국 과학 기술원, 카이스트(KAIST)에 입학했지만 1년을 공부하고 돌연 출가하여 지금은 수행에 정진하는 삶을 살고 있다. 그가 출가하게 된 연유는, 어느 순간 자신의 정신을 지배하는 한 단어 때문이라고 한다. 그것은 '자유'라는 단어다.

도연스님은, "나는, 무엇을 하고 싶은가?", "나는, 무엇을 할 수 있는가?", "나는, 무엇을 해야 하는가?"의 문제가 어느 순간 자신의 마음 안으로 들어왔다고 한다. 좀처럼 자신의 뇌리에서 사라지지 않는 화두와 같은, 이 의문의 물음들을 붙잡고 끊임없이 스스로에게 자문했고 그것이 정리가 됐을 때 '자유'라는 단어의 의미를 깨달을 수 있었다고 한다. 스님이 말하는 자유는 '스스로 자(自)에 말미암을 유(由)', 즉 '자기만의 이유'라는 것이다.

카이스트라는 공부를 열심히 한, 흔히 공부를 잘하는 수재들에게만 입학을 허락한 학교를 그만둘 때 그의 가족, 친지, 친구들 모두가 말렸지만 자신에게는 출가를 해서 자신만의 길을 가는 것이 무엇보다도 중요했다고 한다. 그리고 지금 도연스님은 누구보다 행복한 삶, 수행의 삶을 살고 있다.

도연스님이 가슴 깊이 간직한 '자유'라는 단어의 의미는 "나는, 무엇을 해야 하는지?", "나는, 무엇을 할 수 있는지?", "나는, 무엇을 하고 싶은지?"를 끊임없이 스스로에게 자문하고 확신하게 된 자신만의 단단한 신념이기에, 타인을 의식하며 떠벌리듯 말하는 '자유'와는 비교할 수 없을 만큼 가치 있는 단어일 것이라는 생각이 든다.

언어는 소중히 다루어야 한다

　우리가 사용하는 언어는 사실 실탄이 장착된 총보다 무서운 무기가 될 수 있다. 정치가의 실언 한 마디가 유망한 정치인의 정치생명을 한 순간에 빼앗아가기도 하는 일을 흔히 볼 수 있다. 자신의 삶을 소중히 가꾸어 가는 사람들은 총기를 다루듯이 언어를 조심스럽게 다루는 사람들이다. 우리는 값비싸고 귀한 물건일수록 정성을 다하여 소중하게 다룬다. 하지만 자신의 인생만큼 소중한 것이 무엇인가.

　언어는 자신의 인생을 성공하게도 하고 파멸시키기도 하는 매우 귀하고 위험한 물건과도 같다. 언어를 정상적인 사용법에 따라 조심스럽게 다루어야 큰 어려움 없이 사용할 수 있는 범위가 넓어지고 사용처도 많아지는 것이다. 올바른 언어의 사용 습관과 아울러 그것에 배려의 마음이 담기면 편하고 행복한 인생을 보장받은 것과 같다. 한 번 뿐인 인생, 이왕이면 행복하고 풍요로운 삶이 되어야 하지 않겠는가.

언행(言行)은 자연과 같다

바닷물이 잔잔해지면 파도소리도 고요하듯이, 마음이 안정되면 자연히 말투도 부드럽고 언어의 사용 또한 조심스럽다. 반면 마음이 불안하고 초조하면 따라서 말과 말투 또한 거칠어지는 것이다.

말은 향기와 같다. 정제된 생각을 거쳐 부드럽게 뿜어진 말은 다른 사람에게 안정감과 위로를 준다. 그러나 절제하지 않고 함부로 뿜어진 말은 타인에게 불편함을 주며 거친 언어와 말투의 사람을 사람들은 외면하고 피한다. 말은 평안함을 주고, 위로가 되며, 용기를 줄 때 가치가 있는 것이다. 아름답고 좋은 향기를 품고 있는 곳으로 사람들이 몰려들 듯이 그리고 악취가 나고 불편한 곳을 사람들이 피하듯이 좋은 말을 하는 사람 곁으로 사람들이 모여들고, 함부로 말을 하는 사람을 피한다.

세상의 어떤 정의, 진실, 위대한 사상도 언어라는 날개를 달지 못하고 그것에 좋은 향기가 담겨있지 않으면 사람들의 마음속에 감동을 줄 수 없으며 멀리 전파될 수 없다. 안심(安心)을 줄 수 있는 정제된 말을 사용하는 사람은 자신의 삶을 평화롭게 하는 가장 확실한 비법을 소유하고 있는 것이다. 그것은 누구도 자신에게서 빼앗아 갈 수 없으며 자신의 삶이 다할 때까지 풍요롭게 쓸 수 있는 소중한 개인재산을 소유하고 있는 것과 같은 것이다.

황무지를 갈고 개간하는 노력을 기울여야 풍성한 곡식을 맺을 수 있듯이 자신의 삶을 황폐하게 만드는 습관화된 거친 언행을 부드럽고 친근감이 들 수 있도록 다듬기 위해서는 부단한 자기 수련과 노력이 요구된다. 이미 습관이 된 거친 언행을, 올바르게 고친다는 것은 매우 어려운 일이다. 하지만 그것을 고치려는 노력이 없이는 누구도 관심을 기울이지 않는 쓸모없는 황무지와 같은 사람으로 남겨질 것이다.

혀를 잘 사용하면 유용하다

사람은 불을 이용하지 않으면 정상적인 생활을 할 수 없다. 불을 이용함으로써 인간의 삶은 획기적으로 진보했으며 비로소 인간다운 삶을 영위할 수 있게 되었다. 하지만 불은 조심해서 이용하지 않으면 상상도 못할 재난으로 인간에게 그 책임을 묻기도 했다. 말 또한 그러하다. 불을 용도에 맞게 잘 사용하면 많은 유용함이 있음을 우리는 잘 알고 있다. 마찬가지로 말 또한 잘 사용하면 자신은 물론 다른 사람들에게 유익함을 준다.

성경에는 말을 잘 사용하는 방법에 대해서 다음과 같은 가르침을 주고 있다.

'죽고 사는 것이 혀의 권세에 달렸나니, 혀를 쓰기 좋아하는 자는 그 열매를 먹으리라.(잠언 18:21)

찢을 때가 있고, 꿰맬 때가 있으며, 잠잠할 때가 있고, 말할 때가 있다.(전도서 3:7)

다른 사람이 말할 때 잠잠히 있는 것은, 존중심을 나타내는 방법이다.(욥 6:24)

혀를 잘 제어하여 비밀을 말하지 않는 것은, 신중하고 분별력이 있다는 증거이다.(잠언 20:19)

화가 났을 때는, 말을 삼가는 것이 지혜로운 행동이다.(시편 4:4)

말은 나를 대변한다

어느 사람의 말을 하는 습관이나 사용하는 언어를 보면 그의 수준, 삶의 모습을 짐작할 수 있다. 이렇듯 말은 그 사람을 판단하는 기준이 된다. 말 몇 마디만 들어보면 그 사람의 고향을 짐작할 수 있고, 성품을 알 수 있으며, 심지어는 직업, 학력도 대충 짐작할 수가 있다. 나아가 회사에서의 지위, 재산의 유무까지를 짐작할 수 있는 것이다. 남녀노소를 불문하고 많이 찾는다는 점집이나 철학관을 운영하는 사람이 자신을 찾는 고객들과 몇 마디 나누어보고 그 사람의 미래를 알아맞히는 비밀은 그들이 사용하는 말과 말투에 그 사람의 미래청사진이 모두 담겨있기 때문이다.

독일 속담에 다음과 말이 있다.

'옷감은 염색에서, 술은 냄새에서, 꽃은 향기에서, 사람은

말투에서 그 사람의 참된 가치, 즉 진가(眞價)를 나타낸다'

습관화된 언어들

예전 학창시절, 선생님께서 칠판에 글씨를 쓸 때 분필의 마찰음 때문에 나는 소리, 삑-

그 소리에 소름이 돋은 경험이 있을 것이다. 그러한 기분을 대화의 자리에서 느낀다면 좀 심한 말일까?

대화를 나눌 때 습관적으로 말하는, "음", "저", "네네", "그러니까" 등과 같은 의미 없이 자신도 모르게 반복 사용되는 단어들은 듣기에 신경이 쓰이고 듣는 상대방에게 불편함을 준다. 이러한 불필요한 단어들이 대화를 나누는 중에 반복되면 듣는 사람 입장에서는 대화 자체가 곤혹스럽게 느껴질 수도 있다. 이렇듯 습관적으로 반복되는 어휘를 본인은 의식하지 못하는 경우가 있다. 하지만 평소 자신의 말하는 습관을 스스로 점검하여 개선하는 일은 즐거운 대화를 위해 반드시 필요한 일이다.

말은 자신의 의사를 상대에게 전달하는 역할을 한다. 하지만 말을 듣는 사람이 불편하고 거북하다면, 전하고자 하는 나의 의사, 절실한 부탁의 말, 요구 등이 제대로 상대방에게 전달될 수가 없을 것이다. 간혹 웃음을 주기 위해 최신 유행어를 대화자리의 분위기에 따라 사용하는 것은 사회생활을 하는 사람으로서 센스 있게 보일 때도 있다. 예를 들어 드라마 〈태양의 후예〉에 나오는 군인 말투인 '~지 말입니다' 등이다. 하지만 유행어는 유행어다. 두 번까지는 용서가, 세 번까지는 참을 수 있다. 그러나 이후에 상황은 나도 계속 웃으면서 들을 수 있을지는 의문이다.

언어폭력은 상처를 심는 행위다

어린 시절 친구들이 무심코 부른 별명이 듣는 당사자에게는 가슴속 치유되지 않는 아픔으로 남기도 한다. 친구들은 악의 없이 웃으면서 이름대신 신체적 특징, 이름의 특이성에 따라 별칭으로서 별명을 지어 불렀지만 경우에 따라서 당사자에게는 그 기억은 좀처럼 사라지지 않고 아픔으로 남을 수가 있다.

언어폭력이란 용어는 필자의 학창시절에는 들어보지도 못했지만 생각해보면 그것은 주먹보다도 무서운, 말로 행해지는 잔인한 폭력행위였음을 새삼 깨닫게 된다.

사회생활에서도 인격과 능력에 대한 부정적인 평가와 폄하, 모욕과 악담 등으로 상처를 받는 경우가 있다. 문제는 이러한 공격적이고 폭력적인 말에 의한 상처는, 당한 사람 입장에서는 평생 아픔이 되어 대인관계에 있어 소극적인 사람으로 만든다는 것이다. 언어폭력은 정말 깊은 상처가 남는 잔인한 폭력행위다. 시간이 흘러 그러한 별명을 부르던 사람들과는 헤어졌을지라도 당사자에게는 가슴속 상처로 남아 있다는 것이 문제다. 가슴속 상처의 치유가 힘든 이유는 자아의식 속에 남아서 자신도 모르게 무의식적으로 그것을 꺼내어 곱씹어 본다는 것이다. 그러나 그 아픔은 어느 누구도 해결해 줄 수가 없다. 자기 스스로의 노력으로 먼지를 털어내듯이 마음속으로부터 밀어내는 것이 중요하다. 어쩌면 나 자신도 스스로는 인식하고 있지 못하지만 어느 누군가에게 말로 인한 상처를 주었을 지도 모를 일이다. 이와 같이 자신이 의도적으로 누군가에게 상처를 주고자 하는 말이 아니었듯이 상대방도 의도적으로 자신에게 상처를 주려고 하지 않았다는 것을 스스로 깨닫는 것이 중요하다. 자신에게 말의 상처를 준 사람은 기억조차 없는데 스스로 고통스러워하는 것은 아닌지 생각해 볼 일이다.

스스로 치유하라

마음치유 전문가들은 마음속의 상처를 치유하고 싶다면 과거의 상처를 부정하지 말고 담담하게 바라보고 인정하는 스스로의 마음가짐이 필요하다고 조언한다. 몸에 생긴 상처 딱지를 억지로 떼어내려고 하면 더욱 덧이 나서 원래대로 회복하는 시간이 늦어지는 것처럼 자연스럽게 상처에 딱지가 앉아서 시간이 지나면 저절로 떨어질 수 있도록 그것에 너무 마음 쓰지 말고 무심하게 바라보는 것이 필요하다는 것이다. 불면증 환자가 억지로 잠을 청하려고 하면 더욱 정신이 또렷해지는 것과 같은 이치다. 과거의 안 좋은 기억을 무심히 바라보며 자신의 삶을 더욱 사랑하다보면 자기도 모르게 마음속의 아픔들은 사라질 것이다. 나쁜 기억의 감정을 부정적인 감정으로 가슴에 담아두지 말고 자연스럽게 꺼내어 스스로 긍정적인 마음으로 바꿀 수 있게 하는 것을 '예술치료'라고 한다.

과거의 나쁜 기억은 고여 있는 탁한 물과 같다. 그럴수록 깨끗한 물을 자주 투입하여 희석시키다보면 곧 맑은 물이 되듯이 자신스스로 사랑, 긍정, 명상, 여행 등 좋은 시간과 좋은 생각을 갖기 위해 노력하다보면 곧 그 아픈 기억도 웃으며 바라볼 수 있는 여유를 다시 찾게 될 것이다.

가슴에 뿌리를 내리는 상처

상스러운 욕을 하는 것만이 언어폭력이 아니다. 언어폭력은 좀 더 계획적으로 잔인하게 행해질 수도 있다. 상스러운 욕은 한 쪽 귀로 듣고 다른 쪽으로 흘려버릴 수도 있고, 정말 화가 치솟아 오르면 같은 방법으로 맞대응 할 수도 있다. 하지만 언어폭력은 말로써 누군가에게 정신적 충격을 가하는 것이다. 정신적인 상처는, 육체에 충격을 가함으로써 나타나는 상처보다 더욱 심각한 피해를 보이는 경향이 있다. 그것은 보이지도 않고 물리적인 치료로도 불가능하다.

우리 사회에서 언제부턴가 언어폭력이란 단어가 들려오기 시작했다. 대표적인 현상으로 조직적으로 어느 사람을 따돌리고 비웃는, 이른바 '왕따' 현상이 학교, 회사 등 공동체사회를 중심으로 그 심각한 피해사례가 들려오더니 어느덧 일반적인 사회현상으로 확대되어 피해자를 양산해 내고 있다.

언어폭력은 서서히 인간성을 말살시키는 매우 잔인한 방법의 폭력이다. 언어폭력의 피해자는 서서히 침몰하는 배처럼 어두움의 세계로 가라앉는다. 그 침몰하는 배안에서 꼼짝도 못하고 아무 행동도 할 수 없는, 자신도 모르게 무능력한 사람이 되어 침몰하는 배 안에서 탈출은 생각도 못하는 것이 언어폭력 피해자들이다. 그들의 마음을 헤아리는 배려의 마음이, 그리고 대화가 절실하게 필요한 이유다.

참된 언어는 침묵에서 나온다

장자(莊子)는 '지도지극 혼혼묵묵(至道之極 昏昏默默)'이라고 했다. '진정한 도(道)의 최고의 경지는 깊고 어두운 침묵'이라는 뜻이다. 그러나 장자가 말하는 '혼혼묵묵(昏昏默默)'은 결코 암흑의 침묵(沈默)이 아니라 '그윽한 침묵'을 가리키는 것이다. 즉 '말하다'의 반대인 침묵이 아니라, 오히려 말의 기반이 되는 거대한 침묵을 말하는 것이다.

대화자리에서 다른 사람의 주목을 받는 사람은 사사건건 참견하고 많은 말을 하는 사람이 아니다. 진실로 주목을 받는 사람은 주제에 맞는 꼭 필요한 말을 하는 사람이다. 정제된 침묵의 시간을 보낸 사람이 입을 열 때, 사람들은 마음으로부터 그의 말에 귀를 기울인다.

스위스의 철학자 막스 파카트는 자신의 저서 〈침묵의 세계〉에서 다음과 같이 말했다.

"만약 언어에 침묵이라는 배경이 없다면, 언어는 깊이를 잃어버릴 것이다. 인간의 언어는 침묵에서 나온다."

—— 세상만물의 이치(理致)를 보다 ——

책과 방송을 통해 일반인에게 잘 알려진 어느 스님의 강연을 들으며 감탄한 일이 있다. 스님은 불자(佛子)들의 질문에 답을 해주는 질의응답강연회에서 수많은 사람들의 물음에 어느 것 하나 막힘없이 현명한 답을 해주는 것이었다. 그들의 물음엔 가정의 사소한 문제에서부터 개인의 신세한탄까지 갖가지 물음이 있었는데, 물음 속에는 부끄러움도 들어있었고 개인적인 자랑도 있었다. 온갖 물음에 스님은 물음 안에 들어있는 불자들의 심리까지 끄집어내어 답변을 해주는 것이었다. 장내는 때로 웃음바다가 되기도 하고, 안타까움의 탄식이 들리기도 했다.

나는 속으로 생각했다. '결혼도 하지 않고, 자식도 없고, 복잡한 사회생활도 하지 않으셨을 텐데 어찌 저렇게 신도들이 세상을 살며 느낀 속세의 궁금증 질문에 현명한 답을 줄 수 있는가?'

'물음은 소란한데 답변은 정말 막힘없이 거침이 없지 않은가'하는 생각으로 감탄했다. 오랜 시간이 흐른 후, 나는 그 답을 찾을 수 있었다.

면벽좌선(面壁坐禪)

우리는 "안 봐도 비디오"라는 말을 종종 할 때가 있다. 세상의 이치가 고요한 침묵 속에 다 들어있었던 것이다. 많은 불자들의 물음에 막힘없이 답을 해줄 수 있었던 스님은, 오랜 침묵의 시간을 보낸 후 세상의 이치를 깨달았을 것이다.

달마대사는 소림사(少林寺)에서 9년간 면벽좌선(面壁坐禪) 수행을 한 후에 득도를 하였다고 한다. 실제로 면벽좌선을 하는 고승들은 몰려오는 잠, 견딜 수 없는 졸음을 참으며 수행을 하는데 그 몰려오는 졸음을 불교용어로 '수마(睡魔)'라고 한다.

면벽좌선의 수행방법은 조용히 벽을 마주하고 자신의 숨결에 집중을 한다. 자신의 숨결에 집중하면 처음엔 온갖 잡념이 떠오르는데, 그 잡념이 바로 번뇌에 시달리는 자기 자신이라는 것이다. 끝없는 인간의 탐욕과 욕망을 내려놓고 내려놓아서 더 이상 내려놓을 것이 없는 상태, 아무것도 걸리는 것이 없게 되면 그 때부터 시간과 공간, 괴로움, 즐거움 등이 어지럽게 뒤섞여 있는 인간세상의 모든 번뇌를 넘어서 진정한 도를 수행하는 과정에 이르게 되는데, 그 아득한 시간의 끝에 진정한 깨달음, 득도(得道)의 경지가 있다고 한다. 필자가 아득한 시간의 끝이라고 말한 것은, 아인슈타인의 상대성 이론에 의한 시간이다.

아인슈타인은 한 친구의 상대성이론에 대한 질문을 받고 다음과 같이 말했다.

"여보게 친구, 시간의 길이가 모두 같다고 생각할 수 있겠지만, 한 번 생각해 보게. 만약 사랑하는 연인과 5분의 시간을 보낸다고 가정해 보게. 그 시간이 얼마나 빠르고 급히 지나가겠는가. 하지만 끓는 물에 손을 담그고 5분을 보낸다고 생각해 보게. 그 5분은 얼마나 길게 느껴지겠는가. 어찌 같은 5분이라고 할 수 있나, 그렇지 않나?"

면벽좌선을 하는 도인들의 그 시간은 범부들은 감히 상상할 수도 없는 고통의 시간, 말로는 표현할 길이 없는 긴 시간이다. 그 긴 시간을 세상의 이치를 깨닫기 위해 정진하는 것이다.

필자의 짧은 생각으로 면벽좌선(面壁坐禪)수행방법을, 마치 인간이 강물에 빠지지 않고 물 위를 건너는 방법이 매우 간단하듯이 말했지만, 득도의 경지는 어떨지 정말 궁금하다.

물에 빠지지 않고 강을 건너는 방법은 다음과 같다.

'한 발이 빠지기 전에 재빨리 다른 발을 내민다.^^

말하지 않아도 아는 것들

굳이 말로 표현하지 않아도 자신의 의사가 전달되는, 침묵으로 표현되는 언어가 있다. 사랑하는 연인들이 서로를 바라보는 눈빛에는 수많은 사랑의 언어를 담고 있다. 그 눈 속에 담긴 수많은 언어들을 느끼는 것만으로도 가슴이 벅차 눈물이 흐르기

도 한다. 말로는 표현할 수 없는 가슴속에 담긴, 연인을 향한 언어들은 차마 입으로 표현하기에는 부족할 것 같은 생각에 사랑하는 그들은 지금, 침묵으로 일관하며 눈빛으로, 몸짓으로 그것을 표현하고 있는 것이다. 사랑을 할 때면, 어떻게 말을 할까보다 어떻게 들릴까에 더 마음이 쓰이기도 한다. 내가 하는 말보다 연인에게 들리는 말에 더 신경을 쓰는 것이다. 한 마디 말에도 마음을 담고 사랑을 담기 때문이다. 배려의 마음을 담은 말은 이렇듯 조심스럽고 무겁다.

기도는 침묵으로 하는 것이다

우리는 살아가면서 많은 기도를 한다. 기도를 종교의식의 한 과정이라고 단순하게 생각할 수도 있지만 기도는 인간의 본능이다. 기쁠 때, 슬플 때, 힘들 때, 감사할 때 등… 인간은 홀로 모든 것을 감당할 수 없는 존재이기에 기도에 의지하는 것이다. 기도를 함으로써 마음의 안정을 찾을 수 있고, 자신의 내면을 스스로 다스리며 정신을 성장시킬 수 있는 것이다.

하지만 오늘날, 일부 종교의 기도는 너무 소란하고 어지럽다. 기도내용 또한 지극히 교회 집단 위주의 이익을 위해 무엇을 해달라는 기도가 대부분이며, 심지어 종교단체의 조직력을 이용하여 정치에 관여하기까지 한다. 무늬만 거룩한 종교의 모습을 내세운 흉악범과 같은 종교지도자의 행위가 하루가 멀다 하고 뉴스를 장식하고 있다. 허울 좋은 가면을 쓴 그들은 목사, 승려의 이름으로 부녀자를 강간하고 순수한 마음으로 헌납한 신도의 헌금을 이용하여 부동산 투기를 하고, 자녀들에게 교회의 재산을 대물림하는 등 마치 일반 사회에서 범죄인이나 저지를 수 있는 죄악을 종교 지도자라는 가면을 쓰고 행하고 있는 것이다.

민주주의가 바로선 국가에서는 국민의 눈이 가장 두려운 모습이듯, 종교지도자라는 거짓의 탈을 쓴 그들에게는 순수한 종교이념을 가진 신도가 가장 무서운 존재일 것이다. 순수한 마음으로 기도를 하는 일반신도들이야말로 진정한 종교인이라는 생각이 들 때마다 안타까운 마음이 생긴다. 예수님도, 부처님도 복잡하고 소란한 속세를 떠나 번뇌의 세상에 사는 인간들을 위해 홀로 침묵의 기도를 한 사람들임을 명심하자.

신의 존재는 이미 인간의 마음속을 헤아리는 존재이기에 인간이 염원하는 그것을 이미 알고 있는 존재일 것이라고 필자는 생각한다. 다시 말해서, 신은 큰 소리로 기도를 올려야 알아듣는 존재가 아닌 것이다. 필자가 생각하는 기도의 본질은 침묵이다. 고요한 침묵 없이 제대로 된 기도를 할 수 없다. 기도는 자기의 행위가 얼마만큼 옳았는지, 얼마만큼 세상에 유익함이 되었는지를 스스로 평가해 보는 일이다. 기도는 요구하는 데에 있지 않고 실천하는 데 있다. 기도는 말로 하는 고백이 아니라 행위의 다짐이며, 자신이 행한 행위의 돌아봄이다.

인간은 신에게 기도를 올리는 유일한 존재다. 그러나 자기가 구하고 있는 것, 갈망하고 있는 것을 신에게 고했다고 해서 그것이 모두 기도가 되는 것은 아니다. 그것은 자신의 욕망에 신이라는 이름의 향수를 뿌린 것에 불과한 행위일지도 모른다. 신은 인간의 마음을 이미 헤아리고 있는 존재이며, 배려의 완벽함을 보여주는 존재이기에 누구의 중재를 기다리지 않는 모든 사람의 마음에 이미 존재하고 있는, 그대로의 존재일 것이라고 믿는다.

생각을 말로 표현하는
능력을 키워라

인간은 생각을 언어로 표현하는 유일한 생명체다. 미국 샌디에이고 캘리포니아대 네드 새힌 박사와 하버드대학교 뇌 연구팀은 인간의 뇌가 문제를 인지하고 어휘를 떠올린 후, 말로 표현하는데 0.6초의 시간이 걸린다는 사실을 국제 학술지 사이언스에 소개했다. 생각이 말로 바뀌는 과정을 최초로 공식발표한 것이다.

뇌가 외부 문제에 반응하여 적절한 단어를 선택하는 시간 0.2초, 문법에 맞춰 적절한 용어를 결정하기까지 0.012초, 그리고 발음을 결정하는 데 소요되는 시간 0.013초, 결정한 언어를 입을 통해 소리가 되어 나오는 데 0.015초, 그래서 생각이 말로 바뀌는 데 소요되는 시간이 0.6초가 걸린다는 것을 네드 새힌 박사와 하버드대학교 뇌 연구팀은 밝힌 것이다.

이찬규 중앙대학교 국어국문학과 교수는 어렸을 때부터 다른 사람들과 의사소통을 원활하게 할 수 있는 능력을 키워주는 교육의 중요성을 강조한다. 예를 들어 어린이들이 아무생각 없이 말하는 "싫어", "몰라" 등과 같은 본능적이고 단순한 감정 표현을 '왜, 싫다고 했는지', '왜, 모른다고 했는지'의 이유를 영유아기 때부터 '생각하고 말하기' 교육을 통해 사고력이 발달한다는 것이다. 또한 이러한 지속적인 훈련은 원만한 대인 관계를 형성하는 능력을 키워주는 것이라는 것을 강조한다.

언어는 나의 존재를 대변할 수 있는 가장 확실한 수단이다. 언어가 다르고 말이 통하지 않는 외국으로 여행을 떠나보면, 언어의 의미를 절실하게 깨달을 수 있다. 여행을 하고 있는 나라의 언어를 모르면 누구나 그 곳에서 이방인이 된다. 내가 누구인지, 내가 얼마나 소중한 사람인지를 언어가 통해야 설명할 수 있기 때문이다.

언어도 정성들여 가꾸어야 성장한다

정성들여 가꾸지 않은 꽃은 본래의 아름다운 자태를 피워 보지 못하고 사라진다. 사랑의 손길, 누구의 정성도 받지 못하는 들꽃의 삶은 외롭다. 마찬가지로 인간은 누구나 언어를 숙지하고 입을 이용하여 말을 하고 살지만 잘 다듬어지지 않은 말을 사용하는 사람의 삶은 외롭고 험난할 수밖에 없다. 누구도 그의 말에 관심을 기울이지 않기 때문이다.

아직 말로 표현되어 나오지 않은 머릿속의 생각은 아직 피지 않은 꽃 몽우리와 같다. 그것이 어떤 모습으로 나타나게 하는 것은 오직 그 생각의 주인인 사람의 몫이다. 아직 외부로 표현되지 않은 생각은, 그것이 아무리 훌륭한 생각일지라도 누구의 관심도 동의도 얻을 수 없는 무생물의 상태인 것이다. 그렇다면 자신의 생각의 결론이라고 할 수 있는 말로 잘 표현하기 위한 노력은 매우 중요하다. 필자는 자신의 생각을 말로 표현하는 능력을 키우기 위해서 독서와 여행을 권장한다.

독서는 가장 손쉽게 높은 인격 또는 지식을 습득할 수 있는 방법이다. 책을 통해 공공의 발전을 위해 노력한 훌륭한 사람들의 지혜를 접할 수 있으며 또한 세상의 이치와 현상을 이해하는 지식과 지혜를 쌓음으로써 다른 사람과 세상에 대한 공감 능력을 향상시킬 수 있다. 한 마디로 책은 저작자의 경험과 깨달음이 온전히 담겨있는 온갖 지혜의 보고(寶庫)이다.

여행은 가장 효과적인 직접적인 경험이다. 자기가 살고 있는 좁은 지역의 공간을 떠나 지금까지 경험해 보지 못했던 다른 지역에서 보고, 듣고, 직접 겪은 경험은 자신의 지식과 자신의 삶을 새로운 시각으로 바라보게 하고, 이해할 수 없었던 일을 이해하게 한다. 여행에서 돌아온 자기 자신은 여행을 떠나기 전의 자신보다 더 성숙해져 있고 성장해 있을 것이다.

과정을 거쳐야 결과가 있다

대화자리에서 능숙한 말솜씨로 사람들의 주목을 받는 사람이 있다. 하지만 태생적으로 타고난 말 재주를 지닌 사람은 없을 것이다. 때문에 누구라도 멋진 말솜씨를 습득하고 싶다면, 그 사람을 부러워하기보다는 그러한 말솜씨를 자신의 능력으로 습득하기 위하여 많은 노력의 시간이 반드시 필요함을 깨닫고 스스로 노력해야 한다. 우선 여러 경로를 통해 얻어진 정보나 이야기를 사회적인 감각에 맞추어 적절하게 사용할 수 있도록 연구하고 연습하는 것은 중요하고도 필요한 일이다.

예를 들어 독서 중에 습득한 감동을 대화의 자리에서 적절하게 첨가하면 더욱 맛깔나고 의미 있는 대화시간을 만들 수 있을 것이다. 이를 효과적으로 대화자리에서 능숙하게 활용하기 위해서는 자신이 사용할 단문을 만들어서 연습을 하는 것이 효과적이다.

우연히 책을 읽다 감동 받은 시를 읽게 되었다고 하자. 그러면 암기해서 누군가에게 또는 대화자리에서 그 시의 감동을 공유하고 싶은 마음이 생길 것이다. 그렇다면 스스로 자연스럽게 시를 읊을 정도로 익숙하게 암기를 하면 어느 자리에서든 자신이 시에서 감동받은 사연은 멋진 대화소재가 될 수 있다.

나의 생각, 나의 관점을 정립하기 위해 일상의 사소한 것에서부터 '새로운 관찰-새로운 해석-새로운 표현'의 과정을 거치다 보면 대화자리에서도 환영받고 또한 현대사회가 요구하는 창의적인 사람이 되어있을 확률이 높다. 이러한 교양의 습득을 통한 대화자리에서의 활용은 일거양득이 아니라 일거에 수도 없이 많은 이득을 볼 수 있는 좋은 습관이다.

언행은 죽을 때까지 배우는 것이다

필자는 언행에 대해서 특별히 중요하다거나 따로 특별히 배워야한다는 생각을 하지 않고 살아온 것 같다. 그래도 다행스럽다고 생각하는 것은 개인적으로는 언어와 다양한 분야의 글을 가까이서 접할 수 있는 직업에 종사한다는 것이고, 사회적으로는 학교의 교육과정에 언어영역의 중요성을 교육차원에서 체계적으로 공부하게 되었다는 것이다. 그렇지만 학생들이 가장 개념 없이 학습하는 과목 중 하나가 언어영역이라는 사실은 안타까운 일이다. 수학 공부를 할 때에는 개념을 이해하고 공식을 암기하기 위해 밤을 새워가며 문제를 풀어보는 노력을 하지만, 언어영역을 공부할 때에는 공식이나 문법 등을 중요하게 생각하지 않고 가볍게 생각하는 경향이 있다. 그러나 언어는 삶을 다하는 순간까지 항상 배워야 하고 다듬어가야 하는 공부다. 올바른 언어의 사용은 유창한 영어회화 실력보다, 수학 공식보다 더욱 중요한 공부다.

/ 3장 / **대화소재가 풍부하면
인생이 즐겁다**

소통은 보통 사람들의 언어로 하라

대화자리에서 전문용어나 외래어를 자주 사용하는 사람을 볼 수 있다. 그러한 용어를 사용하며 말하는 사람은 그 의미에 대해서 잘 알고 있겠지만, 그 용어를 이해하지 못하는 사람의 입장에서는 대화가 통하지 않는 불통의 자리일 뿐이다. 원활한 소통을 위해서는 대화상대의 입장을 배려한 언어를 사용해야 한다. 지성을 갖춘 사람은 어린이들과의 소통을 위해서는 어린이의 눈높이에 알맞은 언어를 사용하며 젊은 사람들과의 대화자리에서는 젊은이의 문화를 이해하고 공감하는 용어를 가능한 사용하려 노력한다. 설사 어린이나 젊은이의 문화를 잘 알지 못하더라도 눈빛과 말투에서 그들과 함께 호흡하기 위해 노력하는 모습만으로도 공감하는 대화자리가 마련될 수 있다. 아무리 많은 지식을 갖춘 박사라고 하더라도 모르는 것이 있는 법이다. 젊은 이들의 용어를 이해하지 못하고 있다면 배워야 한다. 배움의 목적은 일방적인 것이 아니라 상호보완적인 것이다. 젊은이들의 문화를 잘 이해하지 못하면서 대화자리에 있는 젊은이들이 이해하지 못할 전문용어, 외래어를 남발한다면 그 대화자리는 공감의 자리가 되지 못하고 불편한 자리가 연출될 것이다. 박식함이 어느 순간 말도 잘 알아듣지 못하는 무식함을 드러내는 자리가 되는 것이다.

많은 청중이 모인 강연에서 청중들이 강연에 관심을 갖고 좋은 반응을 보이는 것은, 강사의 말을 이해하고 공감했기 때문에 나타나는 현상이다. 대화자리에서 상대방이 자신의 말을 이해하고 공감하는 느낌을 갖게 하는 능력은 상대방을 설득하고 행동하게 만드는 훌륭한 대화기술이다. 이해하기 어려운 언어를 쉽게 풀어서 누구나 알아들을 수 있는 언어로 말하는 사람, 그런 사람이 매력적인 사람이다.

대화는 물 흐르듯 자연스럽게

사회생활을 하다보면 누군가의 주선으로 만남의 자리가 만들어지는 일이 흔히 있다. 그러나 만남의 자리에 막상 나갔지만 대화의 물꼬를 트지 못하고 어색한 자리가 이어진다면 서로 난감할 것이다.

대화는 물 흐르듯이 자연스럽게 흘러야 한다. 대화의 흐름을 가로막는 갑작스런 사생활에 대한 질문이나 추궁으로 어색하고 불편한 자리가 연출된다면 마음속으로 기대하는 다음을 기약할 수 없다. 그렇다면 처음 만나는 자리에서 이러한 어색함을 타개하기 위해 두 사람이 공유하고 있는 것에 대해 대화를 풀어나가는 것이 자연스럽다. 그렇다면 두 사람 모두가 알고 있는 사실은 무엇일까?

그것은 바로 이 자리를 주선한 사람을 서로 알고 있다는 것이다. 두 사람을 소개한 사람에 대한 가벼운 이야기와 소개팅장소의 분위기 등으로 자연스럽게 대화를 이어나가는 것이 순조롭게 대화를 풀기 위한 방법이 될 것이다. 나아가 서로의 취미, 취향 등에 관한 대화로 분위기가 무르익었다면 서로의 궁금한 점을 묻고 또한 서로 호감이 가는 점에 대하여 칭찬을 한다면 한결 분위기는 고조될 것이다. 상대의 말에 적절한 맞장구는 대화분위기를 더욱 달아오르게 하는 불쏘시개 역할을 한다고 할 수 있다. 더불어 평소 경험한 다방면의 다양한 대화소재를 정리하여 자신의 이야기소재로 삼을 수 있다면 대화가 끊겨 어색한 시간을 맞이하는 일은 없을 것이다.

대화소재를 계발하라

대화자리에서 대화소재가 고갈되어 무슨 이야기로 대화를 끌어나가야 할지 몰라서 어색함의 시간을 모면하기 위해 스마트폰을 만지작거리는 등의 분위기를 경험한 일이 있을 것이다. 그래서 다양한 분야의 고객들과 상담 등의 일을 하는 영업사원들은 기초적인 상식공부에서부터 경제, 문화, 정치에 이르기까지 다양한 대화소재를 찾기 위해 정보를 수집하는 등의 공부를 한다. 고객을 상대하며 대화로써 성과를 높여야하는 것이 사명인 영업사원들이 대화소재를 계발하고 공부를 하는 것은 당연하고 필수불가결한 일일 것이다. 그렇지만 현대사회의 삶을 살아갈 누구라도 영업사원과 같은 마음으로 평소에 읽었던 책의 내용이나 영화, 드라마 등의 대화소재를 나름대로 정리한다면 누구를 만나서 대화를 나누더라도 어색한 분위기를 연출하지 않고 즐거운 대화시간을 보낼 수 있을 것이다. 이러한 노력으로 만족할 만한 성과를 경험하였다면, 대화소재를 계발하는 일이 즐거운 기대를 할 수 있는 희망찬 시간이라는 것을 깨닫게 될 것이다. 대화소재를 계발하는 것은 자신은 물론 대화를 나눌 상대방을 위한 배려다.

다른 사람의 집을 방문할 일이 있거나 거래처를 방문할 경우, 방문 전에 필요한 대화소재를 준비하고 가는 것은 방문목적을 달성할 수 있는 좋은 방법이다. 술술 풀리는 소통의 자리를 기대하기 위해서는 평소 사회적인 관심사 등은 좋은 대화소재가 된다. 만나야 할 사람이 골프를 좋아한다면 최근 타이거 우즈가 오랜 슬럼프를 이겨내고 마스터즈 대회에서 우승한 이야기, 우리나라 축구선수 손흥민의 프리미어 리그에서의 활약상 그리고 경제흐름을 예상하는 이야기 등은 상대방과의 대화를 순조롭게 풀어나가며 신뢰를 쌓을 수 있는 좋은 대화소재가 된다. 그 외에도 여행, 음악, 최근에 읽은 책, 영화 등도 풍부한 대화소재다. 생활 속에서 보고 느낀 생각들을 정리하여 자신만의 대화소재를 만들어 보자.

다양한 정보를 알면 대화자리가 즐겁다

　어린 시절 또는 학창 시절을 함께 보낸 친구들과의 이야기는 밤을 새우며 공유하고 있던 이야기보따리를 풀어놓더라도 함께한 추억이 많기 때문에 할 말이 무궁무진하다. 그렇지만 사회생활 중에서의 만남자리, 자주 만날 수 없는 사람과의 자리에서는 마땅한 대화소재가 떠오르지 않아서 어색한 자리를 경험한 일이 있을 것이다. 이때, 대화소재를 다양하게 숙지하고 있다면 어색한 분위기의 시간을 좁힐 수 있겠지만, 그렇지 않다면 가시방석에 앉아있는 것처럼 불편하고 지루한 시간을 보내게 될 것이다. 원활한 대화자리가 되기 위해서는 대화상대에 대한 기본적인 정보는 파악해야 한다. 그럼으로써 대화할 내용을 예상하여 정리해 볼 수 있으며 즐거운 대화자리를 만들 수 있다. 그러한 노력은 상대에 대한 배려이다.

　대화소재가 풍부한 사람은 어느 자리에서나 적극적으로

대화에 참여할 수 있을 것이다. 그렇다면 대화소재를 어디에서 어떻게 찾아야 되는 것일까?

　대화소재는 누구나 공감할 수 있으며 보편적이고 유익한 것일수록 좋다. 가령, 누구나 관심을 가질 만한 스포츠 소식이나 영화 이야기 등은 가볍게 대화를 시작할 수 있는 좋은 소재거리라고 할 수 있을 것이다. 또한 순조롭게 대화에 참여하기 위해서는 우선 대화자리의 정보를 분석할 필요가 있다. 그러나 정치, 종교 등 서로 의견이 대립할 수 있는 민감한 소재는 상대방에 대한 분석이 어느 정도 파악된 이후에 가볍게 하는 것이 좋다. 물론 같은 성향을 가진 사람들과의 대화자리라면 더욱 친목을 다질 수 있는 소재이기도 하다. 그렇지만 가급적 삼가는 것이 좋다고 필자는 생각한다.

공통점이 있는 대화자리가 즐겁다

상대방과 생각의 관점이 다른 이야기를 대화소재로 삼아서는 안 된다. 우리는 평소 이러한 원칙을 지키지 않아서 발생하는 불미한 일들을 볼 수 있다. 친구 또는 직장동료 사이에서 "저 사람들은 만나기만 하면 싸워."라는 소리를 듣는 사람들이 있다. 그런 사람들의 갈등 원인을 살펴보면, 서로 자신의 주장만을 내세우면서 마치 영원히 화합할 수 없는 평행선을 달리는 철로처럼 대립각을 세우는 것이다. 상대의 관심사항에 대한 배려의 마음이 없는 것이다.

대화자리에서 관점의 차이가 생길 수 있는 대화소재는 피해야 한다. 갈등의 이유가 될 수 있는 대화소재는 서로의 마음과 의견이 일치되고, 서로의 본심을 이해하게 되었을 때, 가볍게 웃으며 하는 것이다. 그렇다면 어떤 화제를 대화소재로 삼는 것이 좋을까?

사람의 얼굴이 모두 제각각 다르듯이 취미와 취향 또한 각양각색이다. 자신이 보기에 "저게 무슨 취미야?" 라고 여겨지는 일도 사람의 취향에 따라서는 기쁨을 주는 취미가 될 수 있다. 따라서 취미에 대해서 이야기할 때에는 상대의 마음이 불편하지 않도록 주의해야 한다.

처음 만난 대화자리에서 또는 아주 오랜만에 만난 우연한 대화자리에서 발생할 수 있는 난감한 상황은 마땅히 공유하고 있는 대화거리가 없어 어색한 침묵의 시간을 보내야 할 때다. 그래서 말문을 여는 첫 마디로 요즘 어떤 취미활동에 관심을 갖고 있는 지를 물어보는 것은, 그에게 좀 더 친숙하게 다가가기 위한 첫걸음이 되는 것이다. 사람은 자기와 비슷한 취향이거나 취미가 같은 사람에게 호감을 갖는다. 특히 자신이 흥미를 갖고 있는 일에 상대방 또한 흥미를 보이면 기대이상으로 기뻐하며 스스럼없이 마음을 열게 된다. 따라서 상대와 원활한 관계를 유지하고자 한다면 상대방의 취향이나 취미 등 상대방에 관한 정보파악은 상대방의 마음을 얻기 위한 좋은 방법이라고 할 수 있다.

맞추기 본능

사람은 본능적으로 자신과 비슷한 성향의 다른 사람을 찾아 헤매는 본능이 있다. 이것을 심리학에서는 '맞추기 본능'이라고 한다.

같은 학교를 졸업한 사람들이 모이는 '동문회', 같은 고향을 둔 사람들의 '동향회', 군 생활을 함께한 전우들의 모임 '전우회' 등이 있다. 또한 동갑내기들의 갖가지 재미있는 이름의 모임도 있다. '쥐들의 야간비행', '꿀꿀이들의 합창', '용의 비상', '강한 말발굽', '범띠 가시내' 등 심지어 같은 병원에서 출산한 산모들의 모임, 제각각 직업과 나이 등에 상관없이 등산, 낚시, 여행 등 자신의 취미나 취향에 맞는 사람을 찾아 헤매는 것이다. 그렇다면 사람들은 왜 이러한 맞추기 본능에서 벗어나지 못하는 것일까?

상대방이 흥미를 갖고 있는 사실에 대해서 자신 또한 그것에 대해 관심을 갖고 있다면, 이것저것 서로 물어보기도 하고 답변을 하는 공감하는 대화를 할 수 있다. 같은 취미와 취향으로부터 시작해서 자연스럽게 발전된 사이로 변화하는 것이다. 같은 취미를 공유하는 이들의 대화자리는 서로를 이해하고 공감할 수 있기에 서로의 경험을 공유하는 즐거운 시간을 보낼 수 있다. 남자는 군대를 갔다 오면 할 이야기가 많다. 군대에서 축구한 이야기, 훈련받으며 고생한 이야기를 하며 밤새는 줄 모르고 공감하는 대화의 즐거움에 탁자 위의 술병은 늘어만 간다. 또한 비슷한 직업을 지닌 경우에는 자기들만이 공감할 수 있는 전문적인 이야기를 할 수 있기에 오랜 시간 대화를 나눠도 흥겹고 즐겁다.

공유하면 대화가 즐겁다

처음 만나는 사람과 순조롭게 대화를 풀어나가지 못하는 이유 중 하나는 공유할 만한 소재가 많지 않기 때문일 경우가 있다. 또한 서로에 대해 잘 알지 못하기 때문에 조심스러울 때도 있다. 대화를 순조롭게 풀어나가는 기본적인 방법은 공통점을 찾는 것이다.

상대방이 관심을 가지고 있는 분야를 언급하는 대화방법은 열 마디의 말을 늘어놓는 것보다 효과적이다. 따라서 상대방과 자신의 공동의 관심사로 대화의 실마리를 가볍게 풀어나가는 것이 진지한 대화로 전개될 수 있는 방법이다. 가령, 게임이란 취미를 공유하고 있다는 사실을 알게 되었다면 갑자기 대화소재는 게임의 종류만큼이나 많아진다. 공유할 수 있는 대화소재가 있다는 것은 즐거운 대화의 기본적인 초석이 되는 것이다. 나이가 비슷한 사람들이 소통이 잘 이루어지는 이유는 같은 시기의 문화를 공유하고 있기 때문이며, 직장에서도 세대가 비슷하고 성향이 같은 사람들끼리 가깝게 지내는 것은 자연스러운 현상이다. 좀 더 열린 마음으로 대화를 나누기 위해서는 대화상대에 대해서 사전정보와 자신이 하고 싶은 이야기가 정리되어 있는 것이 좋다.

─── 공유할 곳이 없는 병 '틱' 장애 ───

'틱' 장애 증상을 보이는 어린이들이 많다고 한다. '틱' 장애

증상은 현대인의 생활이 바쁘다보니 미처 아이들에게 관심을 갖는 기회가 많지 않아서 나타나는 현상이다. 예전에는 각 가정마다 여러 명의 형제자매가 있었기 때문에 부모의 관심이 조금 부족할지라도 함께 이야기하고 놀아줄 사람이 늘 주위에 있었다. 또한 부모들의 세상에 대한 인식도 지금처럼 불안하지 않았다. 필자의 어린 시절에는 친구들과 마음대로 뛰어놀며 씩씩하고 튼튼하게 성장하는 것이 바람직하다고 당시의 부모님들은 생각했던 것 같다. 그래서 동네의 골목마다 뛰어노는 아이들로 넘쳐났다. 하지만 현대의 어린이들은 집밖에서 뛰어노는 일보다는 혼자서 게임을 하거나 컴퓨터를 한다. 때문에 어떠한 정보를 습득해도 자신의 이야기를 들어줄 사람이 많지 않다.

'틱' 장애는 자신의 존재를 나타내기 위한 무의식적인 행동이다. 증상으로는 눈을 깜박인다거나 또는 코를 찡그리는 행동, 무의식적으로 헛기침을 하는 등의 행동 외에도 여러 가지의 행동으로 나타나는데 이러한 행동이 계속되면 또래 친구들의 놀림을 받을 수가 있으며 나아가 정상적인 사회생활을 하지 못하게 될 수도 있다. 이러한 현상은 인간은 자신의 의견을 분출할 수 있고 자신의 말을 들어줄 상대가 있어야 하는데 원활한 소통의 통로가 막혀있는 것이 '틱' 장애의 원인이라는 것이다.

자신감을 갖고 상대를 설득하라

사람은 세상을 살아가면서 누군가를 설득해야만 하는 입장에 있기도 하고, 때로는 다른 사람의 설득을 듣는 입장에 서기도 한다. 그래서 우리는 상대방을 설득하기 위한 기술을 터득하기 위해서 노력한다. 우선 다른 사람을 설득하기 위해서는 스스로 자신감이 있어야 한다. 긴장감으로 인해 떨면서 연주하는 음악은 청중에게 결코 감동을 주지 못하듯이, 설득을 해야 할 사람 앞에서 자신감 없는 목소리로 이야기한다면 아무리 옳고 정당한 일에 대한 것일지라도 상대방에게 좋은 호응을 얻기가 힘들다. 자신감이 결여된 목소리에 사람들은 의심의 눈초리를 보내기 때문이다.

사회생활을 하다보면, 누군가를 설득해야만 하는 상황이 생길 수 있다. 예를 들어본다면, 돌아선 연인의 마음을 되돌려야 하는 애타는 상황이 있을 수 있고, 샐러리맨의 고객을 향한 간절한 상황도 있다. 또한 선거에 입후보하여 유권자에게 한 표를 호소하기도 한다.

누군가를 설득해야하는 과정에서 상대방이 일단 'NO'라고 말한 이상, 그 사람의 마음을 바꾸어서 'YES'의 마음을 갖게 하는 것은 여간 어려운 일이 아니다. 왜냐하면 사람은 일단 'NO'라고 말한 후에는 자신이 그렇게 말한 것에 대한 합리적인 이유를 찾기 때문이다. 그러므로 그것을 번복한다는 것은 자기의 자존심이 허락하지 않는 일이다. 그래서 이야기의 방향을 애초에 'YES'라고 반응할 수 있게끔 이끄는 것이 설득의 기술이다.

설득의 3요소

말은 자신의 생각을 타인에게 전달하는 최고의 수단이다. 일단 말을 건네야 설득을 하든지, 비난을 받든지 할 것이다. 자신의 생각을 과대포장하지 않아야 뒤탈이 없을 것이고, 자신의 주장을 자신감 있게 전개해야 자신의 생각에 대한 상대방의 호응을 얻어낼 수 있다.

아리스토텔레스는 〈수사학〉에서 설득의 3가지 요소로 에토스, 파토스, 로고스를 갖추어야한다고 말했다.

- 에토스(Ethos): 자신이 지니고 있는 가치를 말하며 자신의 가치가 사회적으로 높은 사람일수록 다른 사람을 설득하는 것이 수월하다. 사람의 높은 가치는 다른 사람들로부터 존중받을 만한 인격과 주위의 좋은 평판으로 인하여 얻어지는 것이다. 자신의 가치를 높이기 위해서는 평소 말과 행동, 즉 언행일치(言行一致)의 모습을 보여주어야 하며, 다른 사람에 대한 관심과 배려 있는 행동이 쌓여야 한다. 그것이 곧 자신의 가치를 형성하고 자신의 장점이 되는 것이다. 사람은 어떤 주장을 펼치는 사람에 대해서 그가 훌륭한 인격의 소유자라는 것을 인정하고 있다면, 그의 주장에 거부감 없이 호응하게 되는 경향이 있다.

- 파토스(Pathos): 영어로 '페이소스'라고도 하며 자신의 말을 듣는 사람의 감정, 심리를 파악하여 설득하는 것을 말한다. 진실의 말로 청중의 감정을 자극함으로써 자신의 이야기를 듣는 사람으로 하여금 마음의 변화를 촉구하거나 상대방의 욕구에 긍정적인 동기를 부여하는 방법이다. 즉, 인간은 '감성적인 동물'이라는 인간의 심리를 파악하여 듣는 이로 하여금 마음을 파고드는 감성적인 언어와 공감을 자극하는 말로 자신의 뜻을 상대방의 감성에 호소하여 설득하는 것이다.

- 로고스(Logos): 사회적으로 검증된 자료를 기초로 하여 자기주장을 논리적으로 증명하여 청중을 설득하는 방법을 말한다. 자신이 주장하는 문제에 대한 깊은 지식을 기본적으로 갖추고 있어야 하며, 이를 기반으로 상대방을 논리적으로 설득하는 것이다.

상대를 알고 나를 알면 삶이 위태롭지 않다

사회생활에는 갖가지 이유의 대화자리가 마련된다. 셀 수 없을 정도의 많은 대화자리가 있지만, 때로는 상대방에게 자신이 필요로 하는 무언가를 설득을 해야 하는 자리가 있을 수 있다. 이러한 대화자리에서 두서없이 말을 많이 한다고 해서 자신이 필요로 하는 'YES'를 얻을 수는 없다. 설득의 원리 또한 오고가고 주고받는 거래의 범주를 벗어나지 않기 때문이다. 때문에 평소 자신에게 호의를 베풀었거나 친절한 사람의 부탁에 'YES'를 말할 확률이 높은 것이다. 사람은 누군가로부터 친절이나 호의를 받으면, 받은 만큼 돌려주고 싶은 마음이 있다는 것을 설득의 한 방법으로 실행해 보자.

다른 사람을 설득할 때 'YES'의 확률을 높이고 싶다면, 우선 상대방의 입장과 상황을 살피는 배려의 마음이 중요하다. 설득할 내용이 무엇이건 간에, 그것을 들어줄 사람의 상황이 'YES' 할 상황이 아니라면 오히려 불편한 인간관계를 만들 수 있다.

'지피지기 백전불태(知彼知己 百戰不殆)'

'지피지기면 백전백승이다'는 고사성어의 승(勝)을, 태(殆)

로 바꾼 것이다. 상대방을 안다는 것은 곧 위태롭게 되는 상황을 예비할 수 있다는 의미다. 인생사가 자신의 의견에 'NO'를 하는 사람이 많다면 위태로운 인생이라고 할 수 있다. 그렇다면 상대방의 성향과 사정을 파악해야 'YES'의 포인트를 찾아낼 수 있는 것이다.

성공하는 인생을 원한다면, 상대방을 설득하여 자신이 목적하는 'YES'를 얻는 것이 성공하는 사람의 처세술이다. 그리고 더욱 중요한 것은 자신이 말하고 약속한 내용을 반드시 지켜야 한다는 것이다. 그래야 좋은 인간관계로 발전할 것이며, 언제라도 자신이 필요로 하는 설득에 'YES'할 사람을 얻는 것이다. 인생을 살아가다보면 누군가를 설득할 일은 끊임없이 생길 것이다. 자신의 설득에 'YES'할 사람이 많다면 세상을 살아가는 일이 한결 수월할 것이다.

질문 속에 답이 있다

인간의 본성 중 끝없이 소용돌이치는 감정 중의 하나는 세상의 모든 사물에 대한 궁금함, 즉 호기심이다. 인간의 그러한 본능이 있기에 세상은 발전을 거듭하며 변화할 수 있었고, 미래의 변화될 세상은 인간의 상상을 초월할 것이다.

인간은 본능적인 궁금증을 참지 못하고 오래전부터 세상에 존재하는 또는 존재하지 않는, 눈으로 보면서도 믿을 수 없는 또는 눈에 보이지도 않는, 모든 사물의 이치나 현상에 몰두했다.

"이것은 왜, 이렇고 저것은 왜, 저럴까?"

"저 바다 너머에도 사람이 살고 있을까?"

"말보다 더 빨리 달릴 수는 없을까?"

"해가 더 멀리 있을까, 달이 더 멀리 있을까?"

나는 지금도 밤하늘을 아름답게 밝히는 별들이 수 십 억만 개가 넘게 존재할 수 있다는 천체과학자들의 말을 믿을 수가 없다. 더구나 저렇게 작게 보이는 별 중에는, 크기가 우리가 살고 있는 이 지구보다도 휘어어어얼~~~~~썬 크다니, 나의 상상으로는 짐작조차 할 수가 없었다.

질문은 계속될 것이다

세계적인 독서가 알베르토 망겔은 인간의 삶을 "모르는 것에서 아직도 모르는 것으로 전진하는 과정"이라고 말했다.

1948년 아르헨티나에서 태어난 망겔은 이스라엘에서 어린 시절을 보냈다. 그는 젊은 시절 독재 정권 치하의 조국을 떠나 스페인·이탈리아·영국·프랑스 등 유럽 여러 나라에서 작가·출판편집자·번역가로 생활하며 각 나라의 문화와 전통을 두루 섭렵하였다. 그는 이 과정에서 경험과 지식이 쌓일수록 비례하여 호기심도 증폭하였기 때문에 자신의 호기심을 해결할 수단으로 책을 찾아 읽을 수밖에 없었다. 그가 세상의 모든 책을 읽고 싶은 '세계적인 독서가'로 삶을 살게 된 이유는, 파도처럼 밀려오는 호기심에 대한 갈증 때문이었다. 망겔은 자신의 삶에서 가장 행복한 일은 사람들의 물음에 답을 해주는 대화자리였다고 한다. 하지만 그것은 즐거운 일이었지만, 대화자리에서 자신도 궁금한 내용을 듣게 되면 또다시 책을 찾아 헤맬 수밖에 없었음을 망겔은 다음과 같이 말했다.

"나에게 호기심은 결코 채워지지 않는, 끝을 보여주지 않는 길이었다. 우리가 알려고 한 것은 언제나 운명처럼 실패로 돌아갔다. 치명적이라는 질병의 치료법을 알아내면 노인들을 먹여 살릴 방법을 고민해야 하고, 일자리를 만들려고 경제를 개발하면 오염으로 인한 미세먼지를 해결해야 하는 문제가 다시 나온다. 인간은 결코 탐구를 멈출 수 없는 존재다. 이유는, 질문은 계속될 것이기 때문이다. 우리가 어렵게 찾은 해답은 항상 또 다른 질문으로 이어질 것이다."

좋은 질문을 했느냐?

1944년 노벨 물리학상 수상자인 이시도어 아이작 라비 (Isidor Isaac Rabi)의 어머니는, 아들이 학교에서 돌아오면 "무엇을 배웠느냐?"고 묻는 대신 "좋은 질문을 했느냐?"고 물었다고 한다.

대화자리에서 상대방에게 즐겁고 뜻있는 대화시간이었다는 생각이 들게 하는 가장 효과적인 방법은 좋은 질문을 하는 것이다. 좋은 인상을 남기기 위해 의식적으로 말을 많이 할 필요는 없다. 그렇지만 누구나 자신이 잘 알고 있는 이야기를 다른 사람에게 들려주고 싶어 하고 또한 자신의 이야기를 관심을 갖고 들어주기를 원하기 때문에 좋은 질문을 던져서 상대방이 자신의 이야기를 자연스럽게 말을 할 수 있도록 유도하는 것은 훌륭한 대화의 기술이다. 자신이 잘 알고 있는 것에 대하여 상대방이 그에 대한 적절한 질문을 한다면 당신은 상대에 대하여 어떤 마음이 들겠는가?

누군가의 물음에 답을 해주기 위해 자신이 평소 갖고 있던 생각들을 소신 있게 말하게 될 것이다. 자신이 잘 알고 있는 사실을 어느 사람이 물음으로써 그것에 대해 자신 있게 말을 한 사람은 질문을 한 사람에게 고마움을 느끼며 그 사람이 마음속에 각인될 것이다. 그리고 그와의 만남에 만족감을 느끼며 좋은 감정을 갖게 된다. 누군가와의 만남에서 유익한 느낌을 받았다는 것은, 대화자리에서 자신이 하고 싶은 말을 충분히 했음으로 만족했다는 표현이기도하다.

좋은 질문을 하기 위해서는 상대방을 잘 관찰해야하며, 상대방의 말에 귀를 기울여서 대화의 맥락을 올바르게 파악해야 한다. 상대방의 말에 관심을 갖고 판단한 그에 대한 정보를 중점으로 적절한 질문을 한다면, 상대방은 자신이 배려를 받고 있다는 느낌을 갖게 될 것이다.

질문은 간결해야하며 상대가 답변하기 곤란한 것을 캐묻는 것은 좋은 질문 태도가 아니다. 질문은 궁금한 것을 묻는 것이지, 자신의 지식이나 주장을 펼치는 것이 아님을 명심해야 한다.

좋은 질문, 나쁜 질문

대화자리를 순조롭게 풀어나가기 위해서는 어떤 질문을 해야 할까?

우문현답(愚問賢答)이라는 사자성어가 있다. '어리석은 질문에 현명한 답변'이라는 뜻이지만, 어리석은 질문으로는 좋은 대화자리가 이어질 수 없다. 좋은 질문에서 현명하고 궁금증을 해결하는 깨달음의 답변이 나오는 것이다.

상대방과의 친밀도에 따라서 적절하고 가벼운 질문이 좋은 질문이 될 수도 있고, 본질을 꿰뚫는 날카로운 질문이 좋은 질문이 될 수 있다.

예를 들어, 처음 만나는 소개팅 자리에서 "지금 사는 집이 아파트인가요, 아니면 주택인가요?" 라든가 "혹시 이성 친구를 사귄 경험이 있습니까?" 같은 질문은 나쁜 질문이다. 상대방이 답변하기 곤란한 질문을 하는 것이기 때문이다. 하지만 결혼을 전제로 사귀는 사이라면 그리고 사귐이 어느 정도 무르익은 시기라면 서로의 건강 상태나 습관 또는 금전적 상황, 성격적인 성향은 중요한 질문 요소이다. 이런 경우에는 좀 더 직설적이고 미래 지향적인 질문을 하는 것이 좋은 질문이라고 할 수 있다.

좋은 질문을 받은 사람은 대답해 주고 싶다는 마음을 갖는다. 반면 나쁜 질문은 대답하기 곤란해서 피하고 싶은 질문이다.

질문은 윤활유와 같다

사람의 의식은 질문이 무엇이냐에 따라 컨트롤이 가능하고, 사람의 뇌는 질문에 따라 집중하고 움직인다. 노벨상의 30% 이상을 차지했으며 미국 경제의 약 40%를 좌지우지하는 유대인의 바탕에는 하브루타 교육방식이 있다. 그들의 공부하는 방식은 서로 짝을 지어 매우 시끄럽게 토론하고 논쟁하면서 공부를 한다. 서로 마주 앉아서 서로 가르치고 배우는 논쟁 수업, 즉 질문과 대답을 하며 서로서로 깨우치고 배우는 것이다. 그들은 자신의 의견이 상대방에게 동의가 되지 않을 때는 그 이유를 차근차근 제시하고 설명한다. 이렇게 마주앉아 이야기를 진지하게 주고받으면 질문과 대답이 되고 그것이 곧 대화가 된다. 나아가서 대화의 내용이 진지해지게 되면 토론이 되고 더욱 깊어지고 전문화가 되면 논쟁이 되는 것이다.

차에 시동을 걸기 위해서는 연료가 필요하듯이 인간관계 역시 '대화소재'라는 매개체가 있어야 대화가 가능하고, 대화를 통해 인간관계가 더욱 발전할 수 있다. 대화자리에서 좋은 질문은 막힌 커뮤니케이션 통로를 뻥 뚫어준다. 질문을 받으면 사람들은 생각하게 되고 머리를 굴려가며 사용하기 시작한다. 이렇듯 질문을 주고받으면서 동기가 유발되고 서로의 생각이 소통되는 것이다.

답하기 곤란한 질문은 피하라

일반적으로 답변하기 곤란한 질문 대화자리를 불편하게 하는 원인이 된다. "공부 잘해서 꼭 좋은 대학에 들어가야 한다.", "결혼은 언제 할 계획이냐? 여자(남자)는 있냐?", "2세는 언제 볼 계획이냐?" 등 답변하기 곤란한 일을 물어서 기분을 상하게 하는 사람이 있다.

대답하기 곤란한 질문을 함으로써 서로 피하는 현상이 사회문제가 되기도 한다.

누구라도 상대방의 입장을 배려하지 않고 일방적으로 자신의 생각을 강요하는 사람은 피하고 싶다. 그래서 요즘 직장인들 사이에서는 대화의 주제를 사적인 영역이 아닌, F4 질문의 법칙이 트렌드라고 한다.

F4 법칙이란, Field(장소), Food(먹거리), Fun(취미와 문화), Fashion(패션)을 말한다. 그 영역에서만 질문을 하자는 무언의 약속인 것이다. 인간관계에서 말을 안 하고 살 수는 없으니 이제 질문의 영역을 이러한 것을 중점으로 하자는 '질문의 벽'을 세운 것이다. 당사자들이 오죽 스트레스를 받았으면 대화에 벽을 쌓아놓은 것일까.

사람들에게 인기가 있고 존중을 받는 사람들의 특징은, 자신의 생각을 강요하지 않고 상대방의 스타일을 존중하는 배려의 습관이 몸에 배어있다는 것이다. 대화자리에서 궁금한 것이 있더라도 스스로 생각해서 상대방이 답하기 곤란한 질문이라면 묻지 않는 것이 좋다. 대화는 서로의 곤란한 대답을 유도하지 않고 상대방을 배려할 때 즐거운 것이다.

소크라테스의 질문

우리나라의 교육과정에는 질문하는 방법에 대한 체계적인 학습과정이 없다. 그래서 우리는 질문의 중요함에 대하여 깊게 생각한 적도 또한 배운 적도 거의 없다. 그리고 국가정책으로도 국민이 국가에 대해 궁금한 것을 묻는다는 것 자체가 금기시되었던 시대가 있었다. 정통성에 문제가 있는 독재자들은 국민의 질문에 답을 해주는 대신 공권력을 동원하여 무자비한 폭력으로 답을 하기도 했다. 하지만 국민들의 질문에 답을 피하는 위정자들은 역사의 죄인이 된다는 것을 알아야 한다.

고대 그리스의 철학자 소크라테스는 특유의 질문법을 사용하여 사고의 능력을 향상시켰던 사람이다. 그는 여러 가지 다양한 질문을 활용해서 상대방으로 하여금 스스로 결론을 얻도록 했는데 이 소크라테스의 질문법을 '산파법'이라고 한다.

소크라테스는 여러 정치인들과의 소송에서 패하게 되어 죽음에 이르게 되었다. 정치인들이 그를 몰아세운 이유는 단 한 가지, '핵심을 찌르는 촌철살인 질문'에 두려움을 느꼈기 때문이다. 소크라테스의 질문은 위정자들이 숨기고 싶은 문제의 본질을 날카롭게 파고들었다. 위정자들은 자신들의 악행이 만천하에 공개되는 것을 막을 방법은 그의 입을 막는, 즉 죽이는 것 외에는 달리 방법이 없다고 생각했다. 결국 소크라테스는 '악법도 법이다'는 말을 남기고 독배를 들었다.

소크라테스의 질문은 사람들의 생각이 점점 문제의 핵심을 이해하는데 도움을 주었다. 권력자들이 문제의 핵심을 찌르는 결정적인 질문을 회피하는 이유는, 자신들의 권력을 내려놓지 않고 영원히 힘이 있는 사람으로 살고 싶다는 탐욕 때문이다.

소크라테스가 질문을 통해 가르침을 주려고 했던 것은, 사람들로 하여금 '잘 알고 있다는 착각'으로부터 벗어나게 하는 일이었다.

대한민국의 16대 대통령, 故 노무현 전 대통령 묘역, 묘비문에 다음과 같은 글이 새겨져 있다.

'민주주의 최후의 보루(堡壘)는 깨어있는 시민의 조직된 힘입니다.'

보루(堡壘)은 뜻은, 현상을 지킬 수 있는 바탕이다. 필자는 그 묘비문의 뜻을 '시민 개개인의 민주주의에 대한 새로운 자각과 각성, 그리고 깨인 시민들의 생각이 민주주의를 완성하는 힘'이라고 해석했다.

'잘 알고 있다'고 생각하는 시민들을 깨우치려고 했던, 소크라테스의 질문과 같은 뜻이지 않은가.

질문은 비밀의 창고를 여는 열쇠다. 정의롭지 못한 지도자는 그 비밀의 창고를 열지 못하도록 폭력을 쓰는 것이다. 진정한 지도자를 분별하는 방법은 민중의 질문에 답을 하는 것을 보면 알 수 있다.

받아들일 수 있는 충고를 하라

다른 사람의 실수나 잘못을 지적할 경우나 충고에는 진심이 담겨 있어야 한다. 충고는 대부분 상급자가 하급자에게, 선배가 후배에게 또는 절친한 친구 사이 등 연배가 높은 사람이 낮은 사람에게 하는 것이 일반적이다. 그러함에도 충고에는 적절한 예의와 상대방에 대한 배려를 잊어서는 안 된다. 누군가가 실수를 했다고 하더라도 상대방의 입장을 살피는 마음이 있어야 하며, 실수를 직접적으로 몰아붙이는 추궁이 되어서는 안 된다. 사람은 작은 일에도 쉽게 마음의 상처를 받을 수 있으며 자신의 약점을 건드리면 감정적이 된다. 감정적으로 마음을 다친 사람을 마치 아무 일도 없었다는 듯 다시 좋은 관계로 돌아오게 하는 일은 보통 힘든 일이 아니다. 그래서 가능하면 섣부른 충고는 하지 않는 것이 좋지만 그럼에도 불구하고 꼭 그 사람을 아끼고 사랑하는 마음으로 충고를 해야겠다는 마음이 있을 때에는 상대방의 입장을 고려하는 배려의 마음이 우선되어야 한다. 특히 남과 비교하지 말아야하며, 잘못을 추궁하는 듯이 하는 충고는 바람직하지 않다. 상대방의 입장을 배려하지 않는 충고는 오히려 상대방의 마음에 상처를 주고 인간관계를 멀어지게 하는 요인이 된다는 것을 명심하여야 한다.

섣부른 충고는 위험하다

상대방이 실수를 하거나 잘못을 저질렀을 때, 비평을 하거나 잔소리를 늘어놓는 사람이 있다. 마치 그 사람보다 우월한 존재인양 가르치려 드는 것이다. 물론 비평이나 잔소리가 상대의 실수나 잘못을 깨닫게 하는 긍정적인 면도 있지만 대부분은 반발심을 불러일으킨다.

다른 사람을 나무라는 것만큼 어리석은 일은 없다. 자기 눈의 들보는 보지 못하고 남의 눈의 티끌 탓을 한다는 말이 있다. 이러한 말이 생긴 이유는, 사람은 본능적으로 자신의 오점은 잘 생각하지 않기 때문일 것이다. 그래서 섣부른 충고는 위험한 것이다. 그래도 충고가 꼭 필요한 상황이라면, 상대방의 입장을 충분히 인지한 후 조심스러운 마음으로 해야 한다. 상대의 잘못을 찾으려고 하기보다는 의견을 나누며 서로의 믿음을 키우는 태도가 필요하다.

사람들이 자신의 고민을 이야기하는 것은 결코 누군가의 평가나 충고를 원해서가 아닌 경우가 많다. 숱한 생각의 고민 끝에 자신의 이야기를 털어놓는 것은 자신이 고민하고 결정한 많은 방법 중 미처 생각지 못한 새로운 길의 모색일 경우가 많다. 상대방은 단지 자신의 생각과 계획을 이해받고 격려가 필요해서 말한 것뿐인데, 그 일에 대하여 갑자기 생각난 듯 충고하듯이 말하는 당신의 말을 상대방이 옳게 받아들이겠는가.

상대방의 생각과 계획이 사회적인 규범과 규칙에 크게 어긋난 것이 아니라면, 응원하는 동조자의 입장에서 적당한 덕담한 마디가 옳지 않겠는가.

진심어린 충고

충고는 충고하는 사람의 진심이 받아들이는 사람에게 온전히 전달되어야 조언자로서의 가치가 있는 것이다. 또한 충고를 받는 사람은 자신에게 진심으로 충고를 해줄 수 있는 사람이 곁에 있다는 것에 감사함을 느껴야 한다. 자신의 어떤 행동에 대하여 충고해 줄 수 있는 사람이 있다는 것은 행복한 일이다. 요순시대의 우임금은 누군가의 충고를 들으면 그에게 감사의 절을 올렸다고 한다.

자신이 하고 있는 일이 최선을 다해서 하는 일이라고 할지라도 부모님, 선생님, 선배, 친구 등 곁에서 지켜보는 사람의 입장에서는 백지장도 거들면 수월하다는 마음으로 도와주고 싶은 마음이 있다는 것을 알아야 한다. 그렇지만 때로는 상대가 원하지 않는 말을 할 경우도 있다. 그래서 충고를 듣는 것이 경우에 따라서는 듣기 싫은 잔소리처럼 들리기도 한다. 하지만 충고는 '쓴 약이 몸에 좋다'는 말이 있듯이 자신을 성장시키는 좋은 밑거름으로 받아들이는 마음가짐 또한 필요한 것이다.

우리는 부모님의 숱한 잔소리를 들으며 성장했다. 왜 그때는 잔소리가 그렇게 듣기 싫었는지 몰랐지만 그 속에 사랑이 담겨있었다는 것을 이해할 나이가 되면, 부모님의 잔소리가 그리워지기도 한다. 자신을 위해 진심을 담은 충고를 하는 사람의 마음에도 부모님의 잔소리 같은 사랑의 마음이 있다는 것을 알아야 한다.

자신을 악하다고 생각하는 사람은 없다

미국 뉴욕 주의 범죄 역사상 가장 포악한 살인범으로 불리는 크로레는 1931년 뉴욕 경찰의 대규모 범인 소탕 작전 끝에 체포되었다. 경찰은 그의 체포사실을 기자회견을 통해 밝히며 그는 역사상 보기 드문 흉악범으로서 조그마한 살인 동기만 있어도 끔찍한 살인사건을 저질렀다고 발표했다. 하지만 크로레 자신은 그렇게 생각하지 않았다. 그는 사형집행 직전 한 통의 편지를 남겼는데 편지에는 다음과 같은 구절이 쓰여 있었다.

'나의 마음, 그것은 삶에 지쳐버린 마음이기는 하지만 부드럽고 온화한 마음이다. 결코 사람을 상하게 하고자 생각한

적이 없는 마음이다. 비록 결과적으로 많은 사람들을 죽였지만, 나는 아직도 살아있는 작은 생물조차도 상하게 할 수 없는 연약한 마음의 소유자라고 생각하고 있다.'

그는 사형이 집행되는 순간까지도 자신을 지키려다 이 순간을 맞이했다며 자신의 죄를 인정하지 않았다.

나는 어느 주간지에서 이 글을 읽으며 생각했다.
'인간은 본능적으로 자신 스스로에게 너무 관대한 존재다.'
크로레의 삶은 사람들과 어우러져 사는 행복한 공동체의 삶을 느껴보지 못했을 것이다. 그리고 누구에게도 배려의 마음을 느껴보지 못한 불행한 삶이었을 것이다.

모든 사람을 이기려고 하지마라

인간관계의 심리전문가 데일 카네기는 자신의 젊은 날의 경험을 신문에 기고한 적이 있다. 그 내용은 다음과 같다.

'어느 날 나는 파티에 초대되어 어느 모임에 참석하게 되었다. 모임에 참석한 사람들은 대부분 낯선 사람들이었는데 그들과의 대화 도중 누군가가 다음과 같이 말했다.

"인간의 힘으로 어떤 일을 이루려고 해도 할 수 없는 일이 있지. 그 이유는, 그것의 최종적인 결정은 신이 내리는 것이기 때문이지. 이 말은 성경에 나오는 말이라네."

하지만 그 말은 성경에 나오는 말이 아니라 셰익스피어의 작품에 나오는 대사였다. 나는 그 사람에게 말했다.

"아니오. 그 말은 셰익스피어의 작품에 나오는 말입니다."

그러자 그 사람은 나를 바라보며 말했다.

"무슨 소리요, 이 말은 분명 성경에 나오는 말이요."

나는 마침 옆자리에 앉아있던, 셰익스피어를 연구하는 작가이며 친구인 가드몬을 바라보며 말했다.

"이 친구는 셰익스피어에 관해서 오랫동안 연구를 하고 있는 내 친구입니다. 가드몬, 자네가 설명 좀 하게."

친구 가드몬은 탁자 밑으로 내 발을 툭 치면서 말했다.

"데일, 자네가 잘못 알고 있는 것 같네. 그 말은 저 분의 말이 맞아. 성경에 나오는 말이 맞네."

데일 카네기는 도저히 이 상황을 이해할 수가 없었다.

카네기는 파티가 끝나고 집으로 돌아오는 길에 친구인 가드몬에게 물었다.

"자네는 그 말이 셰익스피어의 작품에 있는 내용이라는 것을 누구보다도 잘 알고 있지 않은가?"

"물론, 잘 알고 있지. 햄릿 4막 2절의 내용이지 않은가. 내 친구, 데일."

"그렇다면 자네는 왜, 그 사람이 틀렸다는 것을 말해주지 않았나?"

"내가 그렇게 했다면, 여러 사람 앞에서 그 사람 체면은 뭐가 되겠나. 그 사람이 자네에게 물었나? 도대체 왜, 자네는 어떤 권한으로 그 사람들의 즐거운 논쟁에 끼어들어서 방해를 하나?"

데일은 즉시 친구에게 자신의 잘못을 시인했고 사과했다.

/ 4장 / **배려의 대화를 위한
종은 습관**

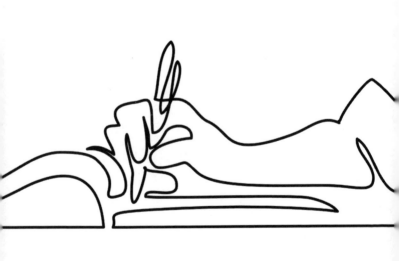

좋은 목소리는 강력한 무기다

미국에서 가장 명성을 날렸던 변호사를 꼽으라면, 다음 네 명의 변호사를 말할 수 있다. 에이브러햄 링컨, 스티븐 더글라스, 존 마셜, 다니얼 웹스터. 그들 중 다니얼 웹스터는 특유의 설득력으로 사람들의 마음을 움직이는 힘을 가진 변호사였다. 특히 배심원들이 판결을 결정하기 위하여 갈등할 때마다 그는 특유의 논리적인 설득력으로 승소를 얻어내는 것으로 이름을 알린 변호사다. 사람의 매력을 연구하는 미국 럿거스 대학교의 헬렌 E. 피셔 교수는 그의 매력을 다음과 같이 설명하였다.

"우선 변호사 다니얼 웹스터는 용모 상으로 볼 때 자기 관리가 철저할 것이라고 누구라도 생각할 정도로 말끔한 외모를 지니고 있습니다. 또한 그의 눈빛, 표정, 손짓과 제스처는 마치 사람의 마음을 자유자재로 연주하는 지휘자와 같습니다. 하지만 제가 생각할 때, 그의 매력 중 화룡점정(畵龍點睛)이라고 할 수 있는 매력 포인트는 바로 그의 목소리입니다. 다정다감하며 온화하고 정감이 느껴지는 발음으로 건네지는 그의 논리적인 말은 사람들에게 믿음을 심어주기에 충분하기에 우리는 그의 변호에 긍정하는 마음을 더욱 갖게 되는 것입니다."

아주 치열한 논리의 대결이 난무하는 재판정에서 자상하고 온화한 태도 그리고 또렷한 발음으로 말을 하는 그의 목소리는 재판관에게 호감을 주는 것은 물론, 승소확률을 높이는 탁월한 능력이다. 이와 같이 목소리는 외모만큼이나 그 사람에 대한 신뢰를 결정짓는데 중요한 부분을 차지한다.

자신만의 목소리를 계발하라

목소리가 좋다는 것은 하모닉스(Harmonics)가 풍부하다는 말이다. 하모닉스란 성대가 진동하면서 만들어지는 소리다. 일반인의 목소리에는 하모닉스가 4~6개 정도이지만 성악가들의 경우에는 하모닉스가 12개에까지 이른다고 한다. 사람은 변성기를 거치면 목소리의 톤이 낮아지며 저음이 된다. 특히 남성은 이 시기를 거치면서 목소리에 변화가 온다. 변성기를 지난 중저음의 남성 목소리는 여성들에게 매력적으로 여겨지며 여심을 사로잡기도 한다. 여성 역시 변성기를 겪지만 여성의 성대 길이는 남성의 20% 수준이기 때문에 크게 변하지 않는 것처럼 느껴지는 것이다.

혹시 당신은 외모와 목소리가 조화를 이루지 못해서 놀란 경우가 있지 않은가. 아름다운 외모의 여성이 굵은 소리를 낸다면 놀랄 것이다. 잘생긴 외모의 남성이 모기처럼 앵앵거리는 소리를 낸다면 실망할 것이다. 이처럼 목소리는 외모만큼이나 그 사람의 인상을 결정짓는 중요한 요소다. 또한 사람의 목소리는 후천적인 노력으로 얻을 수 있는 기술로 현대의 무한경쟁시대에서 좋은 목소리는 선택이 아닌 필수라고 할 수 있다.

보기 좋은 떡이 먹기도 좋다는 말이 있듯이 듣기 좋은 목소리도 마찬가지다. 좋은 목소리로 하는 부탁은 왠지 꼭 들어주고 싶은 마음이 생기게 한다. 누군가를 만나서 그 사람을 판단하는 것은 대화의 내용이 7%이고 목소리 38%, 분위기나 품위가 55%를 차지한다고 한다. 이것을 '멜라니언의 법칙'이라고 하는데, 목소리는 누군가의 이미지를 판단하는데 큰 비율을 차지한다. 좋은 목소리는 자신의 존재감을 높여주는 큰 개인자산이다. 이러한 소중한 자산인 좋은 목소리를 모든 사람이 태생적으로 가질 수는 없지만 노력여하에 따라 충분히 매력적인 목소리의 소유자가 될 수 있다.

목소리 훈련법

좋은 목소리를 지니기 위한 훈련법으로 복식호흡 등을 통해 배에서부터 소리가 우러나올 수 있도록 꾸준하게 연습하면 자연스럽게 톤이 조절되어 좋은 목소리를 지닐 수 있다. 또한 중요한 것이 바른 자세다. 좋은 목소리훈련법의 기본적인 자세는 두 다리에 힘을 주고 바른 자세로 서서 허리를 세우고 가슴을 올린 다음 배를 집어넣고 발성 연습을 하는 것이다.

효과적인 목소리훈련을 위해서는 목의 상태를 최상으로 항상 유지해야 한다. 그러기 위해서는 목이 건조하지 않도록 적정 실내습도를 유지하고 따뜻한 물을 자주 마셔야 하며, 날씨가 추운 겨울철에는 목도리 등을 사용하여 목을 따스하게 관리하고 너무 큰 목소리를 내어서 성대에 무리가 가지 않도록 보호하는 것도 중요하다. 지나친 음주를 삼가고 금연은 필수적이다.

목소리가 좋아도 말투에 문제가 있다면 상대방에게 신뢰감을 줄 수 없다. 무뚝뚝하거나 공격적인 말투, 발음이 너무 강하거나 특정 단어를 자주 사용하는 것도 연습을 통해 고쳐야 한다. 말의 속도가 너무 빠르거나 느리면 상대방이 말을 제대로 못 알아듣거나 지루해 할 수 있으므로 말의 속도는 일정하게 유지해야 한다. 그렇지만 듣는 사람에게 이야기의 느낌을 제대로 전달하기 위해서는 즐거운 이야기나 박진감 있는 이야기는 평소보다 약간 빠르게, 진지한 이야기에서는 약간 느리게 말을 하는 등의 강약 조절까지 신경을 써서 연습하는 것도 중요하다. 특히 자신의 의사를 정확하게 전달하기 위해서는 발음이 엉키지 않도록 주의해야 하며 분명하고 명확한 발음을 위해서는 책 또는 신문의 글을 큰 소리로 읽는 연습도 효과적이다.

　　이와 같은 목소리훈련법을 통해 상대방에게 호감을 줄 수 있는 부드러운 말투, 밝은 목소리의 소유자가 된다면 상대방에게 신뢰감을 줄 수 있는 좋은 기술을 소유하게 되는 것이다.

분위기를 파악하라

'주책바가지'라는 말이 분위기 파악을 못하는 사람을 표현할 때 쓰이는 경우가 있다. 또한 자신이 그 말을 듣는 당사자가 된 경험도 있을 수 있다. 분위기를 파악하지 못하면 주책바가지라는 소리를 듣는다. 여기서 더 나아가 대화자리의 분위기에 맞지 않는 말을 자주 하는 사람은 이런 소리까지 듣는다.

"귀신은 뭐 하는지 몰라, 저 인간 안 잡아가고."

이런 소리를 듣고 기분이 좋은 사람은 없을 것이다. 이렇듯 분위기를 읽지 못하고 대화상대의 기분변화를 올바르게 감지하지 못하면 소통이 원만하게 이루어지지 않는다. 또한 분위기파악을 하지 못해서 말실수를 한 상태에서는, 대화의 방향이 상실되어 서로 간에 어색한 분위기가 발생하고 말문이 막히게 되는 경우가 있다. 분위기가 그 상태까지 가면, 아무리 상대방의 틀어진 기분을 바꾸려고 열변을 토해내도 돌아선 상대방의 마음을 돌리기는 결코 쉽지 않다.

사소한 말 한마디로 호감을 주는 사람도 있지만 화려한 언변을 구사함에도 불구하고 좋지 않은 인상을 주는 사람이 있다. 그 차이는 대개 대화분위기를 파악하는 능력에 있다.

분위기를 잘 파악하여 만남의 자리를 유쾌하게 만드는 사람은 상대방의 상황을 읽고 대화의 완급을 조절하는 능력이 뛰어난 사람이다. 성공한 사람들은 어느 자리에서나 대화분위기를 파악하고 자신에게 유리한 쪽으로 분위기를 이끄는 방법을 알고 있으며 또한 철저히 실천하고 있다. 그들은 어떤 중요한 일에 대하여 의논해야할 상황일지라도 상대방이 피곤한 상태이거나 화가 나 있을 때는 좋은 결과를 기대하기는 쉽지 않다는 것을 알고 있다.

인간은 감정의 동물이기 때문에 말 한 마디에 마음이 상할 수가 있다. 평소에는 대수롭지 않은 말도 상황에 따라 분위기가 돌변할 수 있는 것이다.

분위기는 과녁과 같다

2004년 아테네 올림픽 남자 50m 소총 3자세 결승전에서 실제로 있었던 일이다. 결승 9라운드까지 1위를 달리고 있던 미국의 사격 영웅 에몬스 선수는 마지막 10라운드에서 1점 이상의 점수만 올리면 금메달을 목에 걸 수 있었다. 에몬스 선수는 신중하게 과녁을 겨냥한 다음 격발했다. 총알은 정확하게 과녁의 정중앙을 뚫고 지나갔지만 총알이 과녁을 통과했다는 신호음이 울리지 않았다. 에몬스 선수는 자신의 과녁이 아닌 옆 선수의 과녁을 향해 총을 쏜 것이었다. 최종 결과는 결승에 오른 8명의 선수 중 최하위 성적인 8위.

누군가를 만나서 이야기를 나누는 대화자리에서도 이와 같은 현상이 있을 수 있다. 대화자리에서는 생각의 관점을 대화에 집중해야 한다. 대화의 주제를 분명하게 이해하고, 상대방의 말을 경청해야 하며, 자신의 의견을 명확하게 제시해야 한다. 그리고 상대방의 의견을 존중하고 배려하는 기본적인 마음이 있어야 한다. 그래야 자신이 목적한 성과를 얻을 수 있다.

우리는 때때로 상대방의 마음상태나 분위기를 파악하지 못하여 대화자리를 난감하게 만들기도 하며 상대방의 마음에 상처를 주는 경우가 있다.

예를 들어, 군 입대를 앞둔 아들의 체력을 걱정하는 어머니가 있다고 하자.

어느 부모나 아들을 군대에 보내는 입장에서는 아들의 체력이 약해 보이는 것이다. 그것은 천하장사의 어머니라고 하여도 같은 마음일 것이다.

"우리 아들이 얼마 후면 입대해야 하는 데 체력이 약해서 걱정이에요."

그런데 그 자리에서 어느 사람이 말했다.

"모 재벌의 아들은 체력이 약하다는 이유로 군 면제를 받았잖아요. 하지만 활발하게 사업을 하는 것을 보면 부정적인 거래가 있었던 것 같아요. 모 정치인 아들은 어떻고요….

단순히 군 입대를 앞둔 어머니의 입장에서 걱정되어서 한 말이었는데 분위기를 파악하지 못하고 핑계거리를 만들어 군대에 보내고 싶지 않은 상황의 사람을 만든 것이다.

그가 아들의 군 입대를 앞둔 어머니의 마음을 헤아리고 다음과 같은 말로 그 어머니의 마음을 위로했다면 어땠을까?

"어머니, 걱정하지 마세요. 요즘은 군대에서도 개개인의 체력을 연구해서 훈련의 강도를 조절하고 음식 또한 영양식 위주의 식단으로 체력강화에 힘쓴다고 해요. 그러니 아드님이 마음 편하게 복무할 수 있도록 어머니께서 격려해 주세요. 그래야 씩씩하게 편한 마음으로 군 생활을 할 것입니다."

이와 같은 말로 어머니의 마음을 헤아려서 위로해 주었다면 자신이 저녁식사를 접대하는 자리였다고 하더라도, 그 날 돈 걱정은 하지 않아도 될 것이며 무엇을 부탁하는 자리였다면 자신의 목적을 달성할 수 있었을 것이다.

우리는 간혹, '내가 이런 말을 하면 상대방의 마음이 좋지 않을 것'이라는 것을 알기에, 하고 싶은 말이 있어도 참은 경험이 있을 것이다. 그것은 상대를 배려하는 마음이 있기 때문이다.

상대방의 상황을 존중하라

상대방이 지금 어떤 상황에 있는지를 파악했다면, 상대방의 호감을 얻는 일은 생각처럼 어려운 일이 아닐지도 모른다. 상대방의 표정이 좋지 않거나 불편한 기색이 역력하다면 원활하게 대화가 이루어지는 힘들다. 이럴 경우, 우선 상대의 입장을 파악하기 위한 경청이 필요하다. 상대방의 입장을 알아야 자신의 입장을 전달하는 것이 수월하기 때문이다.

대화 시 중요한 것은 대화를 나누는 서로 간의 태도이다. 이것은 대화의 목적을 달성하기에 앞서 무엇보다 중요한 일이다. 순조롭게 대화를 진행하기 위해서는 자신과 상대방 모두가 존중되는 분위기가 중요하다. 이렇듯 상황을 파악하여 행동을 하는 것은, 대화자리뿐 아니라 직장생활 등 단체생활에서도 매우 현명한 방법이다. 가령, 지금 누군가에게 꼭 필요한 전달사항을 전할 때에도 내용을 전달받아야 하는 당사자가 회의 중이거나 면담 중일 때에는 간결하면서도 격식을 갖춘 언행으로 전달사항을 전해야 하며 자신이 전하고자 하는 내용을 당사자가 제대로 인지할 수 없는 상황이라면, 하지 않는 것이 좋다. 하지만 반드시 전달해야할 시급한 문제라면 상대방의 입장이 방해를 받지 않는 전달방법을 생각하는 지혜가 필요하다. 상대방의 상황을 고려하지 않는다면 노여움을 살 수 있다는 것을 명심해야 한다. 꼭 전달해야만 하는 일을 전달한 사람의 입장에서는 상대방의 노여움에 대해서 이해하지 못할 수도 있겠지만 그것은 상대방의 상황이나 입장을 전혀 고려하지 않은 전달자의 미숙한 판단에서 오는 결과일 경우가 많다.

직장생활에서도 분위기 파악 못하는 사람이 있다. 예를 들어서 회사가 엄청 바쁜데도 자신의 업무와는 상관없는 일이라며 정확하게 퇴근시간이 되면 칼 퇴근 하는 사람 있다. 그의 입장에서는 피치 못할 사정이 있을 수도 있겠지만, 일손이 부족해서 바쁜 사람의 입장에서는 분위기 파악도 못하는 사람이라고 생각할 수도 있다.

분위기를 해치는 행동들

자화자찬이나 다른 사람에 대한 험담, 뜬소문 등 대화자리에서 유쾌하지 않은 내용을 화제로 삼지 말아야 한다. 그런 이야기를 듣는 상대방은 형식적으로 고개를 끄덕이면서도 마음속으로는 언행이 신중하지 않은 가벼운 사람으로 생각할 수 있다. 따라서 아무리 친한 사이의 대화자리라고 할지라도 상대방이 불편할 수 있는 이야기는 삼가는 것이 좋다. 대화 도중이라도 상대가 불편해하는 기색을 보이면, 즉시 화제를 자연스럽게 바꾸는 것도 대화를 순조롭게 이끌어가는 요령이다. 사람은 말투뿐 아니라 표정이나 태도, 대화방식 등에서 은연중에 마음의 상태를 내비치게 되는데, 이러한 분위기를 잘 읽고 분위기를 잘 맞추는 사람과 대화자리를 함께하고 있다면 비즈니스는 물론 인간관계 또한 한층 원활해질 것이다.

언행과 복장은 때와 장소에 맞추라는 말이 있다. 모두 옷을 벗고 있는 수영장에서 아주 멋진 턱시도에 나비넥타이를 하고 있는 사람을 멋지다고 생각하지 않는다. 반면, 모든 사람이 세련된 복장으로 있는 장소에서 수영복을 입고 있는 사람이 있다면, 사람들은 그를 '정신적으로 이상한 사람'이라고 할 것이다.

유대인의 처세술에 다음과 같은 말이 있다.

'남들이 모두 옷을 벗고 있을 때는 옷을 입고 있지 말라.

남들이 모두 앉아 있을 때는 일어서 있지 말라.

남들이 모두 울고 있을 때는 웃지 말라.'

상대방의 말에 마음을 기울여라

시대가 아무리 변한다고 할지라도 서로의 눈빛을 바라보며 허심탄회하게 자신의 의견을 말하고 듣는 대화자리보다 더 효과적으로 자신의 감정을 전달할 수 있는 방법은 없을 것이다. 이렇듯 인간은 말을 주고받는 언어생활을 통해 관계를 발전시키는 생명체다. 말하고 듣는 과정의 무한연속인 인간의 삶에서 가장 중요한 영역을 차지하는 것은 말하기보다 듣기 활동이다.

우리는 흔히 말을 잘하는 사람을 가리켜서 '화술에 능한 사람'이라고 생각한다. 하지만 대화는 닭이 먼저냐, 달걀이 먼저냐는 수수께끼처럼 말하는 것이 중요한 것인가, 듣는 것이 중요한 것인가라는 문제가 존재한다. 여기에서 왜 인간에게는 귀가 두

개이고 입은 하나인가라는 문제가 나온다. 해답은 '말하는 것의 두 배만큼 들어야 한다.'이다.

듣기를 잘하는 사람이 진정 대화에 능한 사람이다. 화술은 '말하기 기술'이라고 생각할 수 있지만 '듣기 기술'이야말로 아무리 강조해도 지나침이 없을 만큼 중요하다.

상대방의 말을 잘 듣는 행위, 즉 경청을 함으로써 좋은 점은 상대방이 전달하고자 하는 의미를 명확하게 이해할 수 있으며, 상대방의 생각 또는 감정을 올바르게 파악할 수 있다는 것이다. 사람은 본능적으로 누군가의 말을 듣는 것보다 자신의 이야기를 하는 것을 더 좋아한다. 그렇기 때문에 경청은 대화자리에서 상대방에게 인간의 본능인 말하고 싶은 욕구를 충족시켜 주는 역할을 한다. 그렇지만 자신 또한 인간이기에 자신이 말하고 싶은 본능을 억누르고 다른 사람의 이야기에 마음을 집중한다는 것은 생각처럼 쉬운 일이 아니다. 그것은 상대방에 대한 배려의 마음이 있어야 가능한 일이다.

상대방의 관심사에 관심을 가져라

대화자리에서 서로 공유하고 있는 흥미로운 관심사에 관해서 이야기를 나눈다면, 그 자리는 긴장감이 사라지고 자연스럽게 즐거운 대화시간이 될 것이다. 그러한 분위기의 자리에서는 어떤 문제에 대해서 결정을 할 때, 상대의 공감을 득할 확률이 높다. 그렇다면 대화의 성패는 상대방의 관심사가 무엇인지를 파악하는 것이 중요하다고 할 수 있다. 그리고 상대방의 관심사를 파악하였다면 상대방이 그것에 대해 마음껏 이야기할 수 있도록 자연스럽게 멍석을 펼쳐주는 배려의 힘을 발휘하는 것이 대화의 기술이 된다.

상대방은 자신이 잘 알고 있는 그것에 대해서 이야기를 하며 한층 자존감이 높아진다. 그리고 마음껏 말을 한 후에는, 자신이 편하게 이야기를 할 수 있도록 배려한 사람을 자신 또한 배려하고픈 마음이 자연스럽게 생길 것이다. 인간의 기본적인 욕구인 자신의 생각을 마음껏 분출한 후에야 비로소 이런 자리를 만들어준 사람이 자신에게 중요한 사람이라는 생각이 마음속에 자리를 잡게 되는 것이다.

누군가와의 관계가 좋아지는 것은 상대방에 대하여 배려

하는 마음을 보여줌으로써 형성되며 상대방의 마음속에 자리 잡은 신뢰의 마음은 자신의 행동여하에 따라 무한대로 발전시킬 수 있는 발판이 되는 것이다.

대화는 기본적으로 자신의 의사를 표현하고 상대방의 마음을 이해하기 위한 기본적인 수단이다. 상대에게 전하고자 하는 자신의 감정을 명확하게 전달하기 위해서는 우선 상대방의 의견을 잘 들은 후 자신의 생각을 상대방이 잘 이해할 수 있도록 말하는 기술이 필요하다.

——— 잘 듣는 사람이 좋은 선생님을 만난다 ———

어느 작가가 한 출판사에서 주최하는 만찬회에 참석했다. 작가는 그 자리에서 우연히 한 식물학자를 만나서 대화를 나누게 되었는데, 작가는 그의 해박한 식물이야기에 흥미를 느껴서 시간가는 줄 모르고 그의 이야기에 빠져들고 말았다. 마침 작가는 집의 작은 공간을 이용하여 각종 식물을 가꾸고 있었는데, 평소 궁금하던 사항을 식물학자에게 질문을 하며 경청하였다. 식물학자는 그의 궁금증이 해소될 수 있도록 이해하기 쉬운 말로 설명해주었다. 작가는 그의 이야기에 흥미를 느껴서 메모까지 하며 식물에 대한 새로운 지식을 많이 배웠으며 매우 즐거운 시간을 보냈다고 생각했다.

대화를 끝낸 후, 작가는 식물학자에게 매우 유익한 시간이었다는 말과 함께 그의 식물에 관한 박학다식함에 진심으로 찬사를 보냈다. 그러자 식물학자는 부드러운 미소를 보내며 작가에게 말했다.

"저야말로 모처럼 즐거운 대화시간을 보냈습니다."

식물학자는 자신의 이야기를 성심성의껏 들어주고 적절한 질문을 한 것에 대한 찬사를 작가에게 했던 것이다.

진정으로 상대의 말을 존중하며 귀를 기울여 경청하면, 상대방은 자기가 알고 있는 지식을 모두 전해주고 싶은 스승의 마음이 되어 삶의 철학까지 들려주고 싶은 것이다. 작고 보잘 것 없다고 생각되는 일일지라도, 그 일에 관심을 갖고 연구한 전문가에게는 그 일을 통해서 깨닫게 된 철학이 들어있다.

경청은 상대에 대한 최고의 찬사다

대화상대의 말을 들으며 적절한 질문과 상황에 따라서 메모하는 모습은 상대방의 말에 집중하고 있다는 무언의 표현이 될 수 있다. 또한 궁금한 것에 대해서는 질문을 해야 온전히 이해할 수 있으며, 메모를 함으로써 잊지 않고 기억할 수 있다. 특히 여러 사람이 있는 곳에서 손을 들고 질문한다는 것은 용기가 필요한 일이지만 질문을 함으로써 궁금증이 해소될 수 있으며 스스로 가장 훌륭한 지식의 습득과정이 된다는 것을 깨닫게 된다.

강의시간에 적절한 질문을 하는 것은 자신이 강의에 깊숙이 개입되어 있다는 것을 의미하며 최상의 학습효과를 얻을 수 있음은 물론 교수와 주위사람들에게 열의가 있는 사람이라는 신뢰를 얻을 수 있는 기회가 된다. 직장에서의 미팅자리에서 또한 이와 같은 자세가 필요하다.

비즈니스를 위한 대화자리에서는 자신의 목적보다 상대방의 목적을 빨리 파악하는 것이 중요하다. 그리고 자신의 목적을 잊지 말아야하며, 서로의 목적이 조화를 이루어야 바람직한 결실을 맺는 대화가 이루어진다. 대화는 '듣는 사람의 목적'과 '말하는 사람의 목적'이 어떻게 조화를 이루느냐에 따라 대화의 성패가 결정되는 것이다.

　인간관계의 명장 데일 카네기는 다음과 같은 말을 하였다.

　"다른 사람의 말을 진지하게 들어주는 자세는, 내가 상대에게 나타내 보일 수 있는 최고의 찬사 중의 한 방법이다"

칭찬은 가장 효율적인 투자다

자기애는 사람의 강한 일면이기도 하고 또한 약한 면이기도 하다. 사람은 칭찬을 받으면 기뻐하고 작은 비난에도 괴로워하는 존재다. 다른 사람들로부터 인정받고 싶은 것은 사람의 본능이다. 그러므로 상대방을 장점을 칭찬해주는 것은 사람의 마음을 얻는 가장 효과적인 처세술이다.

유대인의 삶의 지침서인 탈무드에는 다음과 같이 칭찬의 정도(正道)를 가르치고 있다.

'남을 칭찬할 때 어리석은 자에게는 많이 칭찬하고, 현명한 자에게는 과하지 않게 칭찬할 일이다. 이것은 의사가 환자에게

약을 투약하는 경우와 정반대이다. 의사는 강한 사람에게는 강한 약을 조제하고 약한 사람에게는 약한 약을 주지만, 남을 칭찬할 때에는 지적으로 강한 자에게는 약하게, 약한 자에게는 강하게 말해야 한다.'

사람의 마음을 얻는 방법

사람이 죽으면 고인을 애도하기 위하여 모든 찬사를 아끼지 않는다. 왜냐하면 죽은 자는 이미 자신의 경쟁상대가 아니기 때문이다. 그 사람의 삶이 실패한 일생이었다고 할지라도 그의 죽음 앞에서는 그의 좋은 면만을 생각하며 고인을 기린다. 또한 우리는 노인과 어린이에 대해서도 가능하면 칭찬을 아끼지 않으며 부드럽게 대한다. 왜냐하면 노인은 과거에 속하며, 어린이는 미래에 속해 있기에 심리적으로 안심(安心)의 마음이 있기 때문이다.

하지만 안타까운 현상은 현실의 괴로움과 기쁨을 함께 헤쳐 나가기도 하고 맞이해야 하는 주위의 동료나 친구들에게는 좀처럼 칭찬의 말을 하지 않는다. 그것은 남의 우월함을 인정하고 싶지 않는 경쟁심리의 마음이 있기 때문이다.

인간에게는 장점과 단점이 공존하는데 어느 편을 육성하느냐에 따라 선인과 악인으로 나뉜다. 사람은 본능적으로 주위 사람의 기대에 부응하려는 경향이 있으므로 가능하면 장점을 인정하고 칭찬해야한다. 식물조차도 관심을 보이면 성장이 촉진되고 칭찬하면 그것에 호응한다고 한다. 이렇듯 자신에게 관심을 갖고 더구나 칭찬까지 해주면 누구라도 기쁨을 느끼게 될 것이다. 반면 무시를 당하거나 자신이 잘한 일이 있는데도 상대가 아무런 반응을 보이지 않고 자신에게 관심이 없다는 것을 알게 되면 일에 대한 능률이 떨어질 뿐만 아니라 분노를 느끼게 된다. 그래서 무시를 당하는 것보다 미움을 받는 편이 낫다고 하는 것이다. 타인의 마음을 움직여서 자신이 뜻한바 대로 목적을 달성하려면 끊임없이 관심을 표현하고 칭찬을 아끼지 말아야 한다. 칭찬은 입가에 웃음이 번지게 하고 마음을 열게 하는 힘이 있다.

칭찬과 아부는 구분할 수 있어야 한다

사람은 자신을 칭찬하는 사람에게 의지하고 그에게 믿음을 주고 싶어 한다. 그러므로 남을 칭찬하는 것은 곧 상대방에게 나를 신뢰하는 마음을 심는 일이다. 다른 사람에게 칭찬을 듣는 것은 정말 기분 좋은 일이지만, 칭찬은 어떤 사실적인 행위나 누구에게나 공경 받는 인격에 대하여 과함이 없이 해야 한다. 아첨인지 칭찬인지는 듣는 사람이 더 빨리 파악한다. 듣는 사람이 불편할 정도의 칭찬은 오히려 독이 된다는 사실을 알아야 한다. 누구라도 한두 가지 장점은 있다. 그것을 발견하여 진심어린 말로 칭찬을 하면 좋은 인간관계가 형성될 것이다.

미국 방문판매의 전설 토마스 풀러는 물건을 팔기 위해 어느 집을 방문하여 시도하는 첫 번째 행동은, 처음 보는 사람에 대하여 칭찬할 상황이 무엇인지를 가장 먼저 살폈다고 한다. 미국의 대통령인 트럼프도 대학 시절 그의 회사 '풀러 브러시'에 입사하여 일을 한 경험이 있다. '풀러 브러시'의 신입 사원 교육 과정에 회장인 풀러의 신입직원교육은 빠지지 않는 필수코스였다. 그는 항상 칭찬에 대한 강의를 하였는데 "적절한 칭찬 한 마디가 판매를 결정한다."고 말하며 여러 상황을 설정하여 칭찬거리를 만드는 훈련을 시켰다고 한다. 풀러의 교육내용은 다음과 같다.

"신입사원 여러분! 칭찬은 특히 구체적이고 사실에 기초하고 있을 때, 그리고 사람들이 보통 간과하기 쉬운 부분을 알아줄 때 효과가 높다는 것을 명심하십시오."

남녀노소 모두가 듣자마자 입 꼬리가 올라가게 만드는 칭찬은 '예쁘다, 멋있다'이다. 누구에게나 꼭 얼굴이 아니더라도 그 것을 찾아낼 수 있는 요소가 있다. 칭찬은 옷차림, 매너, 생활 태도 등 사실적인 현상에 대해 구체적으로 가볍게 하는 것이 좋다.

칭찬 받은 사람은 배반하지 않는다

프랑스의 교육자 아나톨 프랑스(Anatole France)는 '교육의 9할은 격려하는 것이다'고 하였다.

훌륭한 교육자는 그러한 과정이 끊임없이 일어나도록 학생을 격려하고 칭찬한다. 어린 시절 스승의 칭찬 한 마디에 고무

되어 자신의 길을 찾고, 자신의 분야에서 일가를 이룬 사람들이 많음을 우리는 그들의 자서전 등을 통해서 확인할 수 있다.

세계적인 가수 카루소는 성악가가 되고 싶다는 꿈을 가지고 있었지만 가난한 집안 환경 때문에 직물공장에 취업하여 자신의 교육비를 스스로 마련해야 했다. 하지만 그의 고민은 어려운 생활환경 때문이 아니었다. 그의 어린 마음을 아프게 한 것은 음악 선생님에게 자신의 실력을 인정받지 못한다는 것이었다. 음악선생님은 카루소의 목소리가 마치 바람에 덧문이 끽끽거리며 흔들리는 것 같다는 비유로 그를 실망시키고는 했다. 하지만 카루소의 어머니는 풀죽은 아들을 품에 안으며 말했다.

"카루소야! 너는 반드시 훌륭한 성악가가 될 수 있는 목소리를 지녔단다. 나는 믿는단다."

카루소의 어머니는 풍족하게 아들의 음악공부 뒷바라지를 할 수 없는 환경에 안타까워하였지만 카루소의 노래 실력이 조금만 향상되어도 칭찬을 아끼지 않았으며, 좌절할 때마다 격려를 해 주었다.

훗날 세계적인 가수가 된 카루소는 자신의 성공의 바탕에는 어머니의 변함없는 칭찬이 있었음을 어느 자리에서나 소개하기를 잊지 않았다.

칭찬은 스스로를 믿게 하여 힘든 상황일지라도 용기를 북돋아 다시 희망을 갖게 하는 힘이 깃들어 있다. 그러므로 칭찬은 결과에 대한 보상의 차원이 아니라 노력의 과정에서 수시로 힘을 북돋아줄 때 가치가 있는 것이다. 또한 자신이 사랑받고 있다는 높은 자존감을 형성하여 삶을 당당하게 살아가는 힘이 된다. 특히 이러한 자존감은 유아시기에 대부분 형성되는데 성장하면서 어떤 역경에도 굴하지 않고 목표를 향해 가는데 있어서 강력한 추진력을 발휘하게 한다. 그러므로 사랑하는 누군가를 긍정적인 사람으로 성장할 수 있도록 하기 위해서는 잘한 일이나 착한 일 등에 대해 칭찬을 아끼지 말아야 한다.

사람은 잠재적으로 누군가의 기대에 따라 자신의 행동을 결정한다. 자신의 어떤 행동이 부모님이나 선생님으로부터 칭찬을 받았다면, 아이는 의식적으로 칭찬을 받을만한 행동을 함으로써 그들의 기대에 부응하려는 노력을 한다는 것이다. 이러한 행동이 습관이 되어 인격적으로 존중받을만한 긍정적인 사람으로 성장하는 것이다.

명령조의 업무지시는
마음을 무겁게 한다

　회사에서의 일은 업무 지시로부터 시작된다. 간혹 부하 직원에게 업무의 지시사항을 주입시키기 위해 강압적으로 명령을 내리거나 심지어는 압박을 하는 경우가 있다. 이러한 업무지시 방법은 상대방을 복종시키는데 일시적으로는 효과적일지 모르겠으나 지시를 받는 사람의 입장에서는 진심에서 우러나오는 지시에 대한 복종이 아니기 때문에 그에게서 창의적인 성과는 기대하기 힘들다. 뿐만 아니라 상황이 바뀌면 도리어 자신을 비난하는 상대가 될 수도 있다.

　유능한 상사의 업무지시는 자연스럽고 부드러우며 억지를

부리거나 강요하지 않는다. 부하 직원이 자신의 업무지시를 믿고 따르게 하려면 지시가 정당하고 논리적이어야 한다. 따라서 업무지시를 내리는 상사는 어떠한 반발에도 타당성 있는 답변을 할 수 있는 준비가 되어있어야 한다. 업무지시가 논리적으로 타당하고 분명한 명령이라면 장황하게 설명하고 설득하려고 하지 않아도 된다.

업무지시가 명확하게 전달되어야만 원하는 결과를 얻을 수 있다.

"한 번 스스로 알아서 잘 만들어 봐! 기대할게."

이러한 업무지시를 내렸다면 좋은 성과를 기대하지 말아야 한다. 업무 지시를 받은 부하직원은 나름대로 최선을 다하겠지만 상사의 업무지시를 자의적으로 해석하고 추론하여 업무를 진행함으로써 종종 돌이킬 수 없는 일이 생기는 경우가 있다. 이런 사고를 미연에 방지하기 위해 업무지시를 받은 사람은 업무의 진행 상황을 수시로 지시자에게 보고하는 것이 실수를 크게 키우지 않는 방법이다.

지시에도 예의가 있다

사람은 어떤 말을 듣기 전과 들은 후가 전혀 다른 사람으로 돌변할 수 있는 존재다. 일을 진행하다보면 의도한 업무지시와는 다른 방향으로 일이 진행되는 경우가 있다. 그럼에도 업무를 진행하고 있는 도중의 실수나 잘못을 지적하는 일은 정말 조심스러운 마음으로 행해야 한다. 지시를 내린 상사의 입장에서 충고나 조언이 꼭 필요하다고 생각하고 있다면, 상대방이 처한 상황이나 분위기를 살피는 배려가 있어야 한다. 정당한 이유를 가지고 어떤 일에 대해 추궁을 해야 되는 상황에서도 그 사람의 입장을 고려하지 않고 비난하는 행위는 그를 모욕하는 행위가 될 수 있다.

사람은 정당한 지적과 훈계에는 심한 저항감 없이 자신의 사고방식을 반성할 수 있는 존재이지만, 일방적으로 지적받았을 경우에는 순응하지 못하고 본능적으로 자신을 방어하는 자세를 취한다. 즉 자기의 정당성을 옹호하는 고집을 부린다는 것이다. 이러한 현상은 진실보다는 위기에 처한 자신의 자존심을 중시하기 때문이다. 이렇듯이 상대의 잘못을 직접적으로 지적하여 자존심을 상하게 하는 것은 위험한 행위다.

세계적인 자동차회사의 창업주인 헨리 포드는 자신의 성공비결을 묻는 질문에 대하여 "자신의 입장과 동시에 타인의 입장에서 사물을 볼 수 있는 능력"이라고 말했다.

그의 이 답변은 매우 단순하게 보이지만 상대방을 자신의 지지자로 만드는데 매우 효과적이다.

일에 대한 지적사항이나 상사로서의 충고 역시 자연스러운 분위기에서 대화가 오고갈 때 또는 상대로부터 업무진행에 관한 도움을 요청받았을 때인데, 그때조차도 조심하지 않으면 안 된다. 일방적인 업무에 대한 추궁으로 인하여 쌓아온 인간관계에 문제가 생기기도 한다. 잘못을 발견했을 때에는 그것을 고쳐주려고 노력하되 상대방에 대한 적절한 예의가 있어야 한다는 것을 마음에 새겨야 한다. 업무에 대한 지적은 합리적이고 논리적으로 상대방의 입장을 배려하는 차원에서 하는 것이 좋다.

링컨의 편지

남북전쟁이 한창이던 당시, 북군은 무려 18개월 동안 연속되는 패배로 인하여 불리한 전세에 빠져 있었다. 북군의 사상자는 늘어만 갔고, 국민들은 불안한 마음으로 실의에 빠져 있었다. 게다가 한 장군의 그릇된 행동으로 인하여 국가의 운명은 그야말로 절체절명의 위기에 처해 있었다. 링컨 대통령은 이 시기에 그 장군에게 편지를 보냈다. 편지의 내용은 다음과 같다.

나는 귀관을 믿고 포트맥 전투의 지휘관으로 임명하였습니다. 그러나 귀관에게 불미스러운 점이 있어서 이 글을 씁니다.

완벽한 사람은 없겠지만 나는 귀관이 용맹스럽고 뛰어난 군인임을 굳게 믿고 있습니다. 그리고 나는 귀관이 정치와 군인으로서의 명예를 혼동하지 않는 인물이라고 확신합니다. 또한 귀관은 자신감이 넘치는 사람입니다. 이는 마땅히 존중해야 할 점이라고 생각합니다. 귀관에게는 또한 야망이 있습니다. 이 또한 도를 넘지 않는다면 반드시 필요한 것입니다. 그러나 귀관은 예전에 반사이드 장군의 지휘 아래 있을 때 공훈을 탐내 상부의 명령을 어기고 중대한 과실을 범한 적이 있습니다. 그리고 귀관은 정치 및 군사정책에 대하여 독재의 필요성을 역설하고는 했습니다.

내가 그것을 알면서도 귀관을 중요한 지휘관의 자리에 임명한 것은 결코 귀관의 의견에 동의했기 때문이 아닙니다. 나는 귀관이 주장하는 독재의 필요성이 인정받기 위해서는 그것에 의한 성공이 보장되지 않으면 안 된다고 생각합니다. 따라서 내가 귀관에게 바라는 것은, 우선 군사적으로 성공해 보라는 것입니다. 그러면 나는 전력을 다해 귀관의 정치적 판단을 존중할 것이며 나의 역량을 다해 힘껏 귀관을 도울 것입니다.

만약 귀관의 언동에 영향을 받아서 부대 내에서 상관을 비방하는 풍조가 생긴다면 아무리 강력한 군대라 할지라도 우수한 군대를 만드는 것은 불가능할 것입니다. 또한 그 결과에 대한 비난의 화살은 반드시 귀관에게 돌아올 것입니다. 나는 귀관과 협조하여 진심으로 그런 사태를 미연에 방지하고 싶습니다. 그러므로 귀관은 경거망동을 삼가고 최후의 승리를 거둘 수 있도록 최선을 다해 주십시오.'

링컨과 정치적으로 대립관계에 있던 장군은, 링컨의 충고를 겸허하게 받아들여서 북군의 승리에 크게 기여했다. 훗날 자신의 자서전에 링컨의 편지를 항상 간직하면서 생각의 기준으로 삼았다고 기록했다.

링컨은 장군을 꾸짖기 위해 먼저 당근을 주고 채찍을 사용하였다. 만약 자신의 분을 이기지 못하고 장군에게 무작정 화를 냈다면, 완고하고 자존심 강한 장군을 설득하는데 실패했을 것이다.

먼저 칭찬하라

가정에서 아이들을 꾸짖는 아버지, 직장에서 부하 직원에게 윽박지르는 상사, 가까운 사람에게 사사건건 잔소리를 늘어놓는 사람들은 상대방의 가슴에 좋지 않은 감정을 차곡차곡 쌓아가고 있음을 알아야 한다. 물론 같은 잘못이나 실수를 저지르지 않도록 따끔한 충고를 해야 할 필요성은 있다. 하지만 일방적으로 상대를 몰아붙이는 것은 현명한 방법이 아니다.

상대방이 자신의 잘못을 반성하고 충고를 고맙게 받아들

이게 하기 위해서는, 잘못을 지적하기 전에 그의 장점을 먼저 칭찬해 주는 것이 바람직한 방법이다. 이는 이발사가 면도를 하기 전에 비누거품을 먼저 바르는 것과 같은 이치다. 칭찬을 받은 후에 듣는 잔소리는 섭섭한 마음이 크게 자리 잡지 않을 것이기 때문이다. 상대방이 잘못을 저질렀다 해도, 친구와 크게 다투었다고 해도, 가까운 사람이 아무리 큰 실망감을 주었다 해도 진심으로 그를 아끼는 마음이 크다면 항상 부드러운 분위기 속에서 대화로써 문제를 해결해야 한다.

사람들의 공경을 받는 사람들을 유심히 살펴보면, 자신의 감정을 절제할 줄 알며 상대방의 의견을 존중한다는 공통점이 있다는 것을 발견할 수 있다. 그들은 누군가에게 충고를 하더라도 결코 자신이 우월하고 상대방이 부족해서 충고하는 것이 아니라는 것을 상대방이 느끼게 한다는 것이다. 그들의 훈계와 충고는 서로 동등한 입장에서 이루어진다.

다른 사람의 잘못을 훈계하기 전에 우선 자신을 바로 돌아보아야 한다. 타인에 대한 비난은 언제나 정확하지 않는 경우가 많다. 왜냐하면 인간의 마음은 강물처럼 한 순간도 멈추는 일이 없이 끊임없이 변하고 있기 때문이다. 그러므로 함부로 사람을

판단하고 평가한다면, 일을 크게 그르칠 수가 있음을 명심해야
한다.

　만일 내가 어떤 사람에 대하여 깊이 생각하지 않고 속단하
여 그에 대한 어떠한 평가를 내렸을 때, 그는 이미 자신이 생각하
는 상황의 사람이 아닌, 다른 입장의 사람이 되어 있을 수도 있다
는 것이다. 때문에 상대를 자신의 주관대로 판단하여 성급한 평
가를 내리거나 비난하기보다는 포용하고 이해함이 우선되어야
한다.

/ 5장 / 배려는 여유와 자신감에서 나온다

대화는 상대를
이해하는 과정이다

사람은 현실의 사회공간에서 다양한 성향의 사람들과 인간관계를 맺으며 살아간다. 우리나라는 1960년대까지만 하더라도 지금의 풍족한 환경은 상상도 할 수 없을 정도로 대부분의 사람이 생계를 걱정하던 힘든 시기가 있었다. 그 시대에는 대화의 필요성이나 사람들과의 원활한 소통이 지금처럼 중요하게 생각되지 않았다. 대화가 중요하다는 인식보다는 자신의 생계를 해결하는 것이 당면한 일이었기 때문이다. 하지만 지금 우리나라의 경제는 세계 상위권의 경제대국이다. 부자나라의 국민답게 생계가 목표가 아닌, 서로의 삶을 존중하는 자세가 필요하며 서로가 만족하는 배려의 대화가 요구되는 세상이다.

우리는 일상 속에서 다양한 사람들과 갖가지 문제로 인해 의견 충돌을 일으키며 살아가지만 서로의 의견이 충돌하는 상황을 좋은 의미로 해석해 보면 '보다 긴밀하게 가까워지는 과정'이라고 생각할 수 있다. 즉 상대방의 개성을 이해하는 과정인 것이다. 주변에서 자주 듣는 말 중에는 다음과 같은 말이 있다.

"싸우면서 정이 들었어요."

사람들이 갈등하는 이유는 상대방과의 대화에서 서로의 의견과 주장이 일치감을 갖지 못하는 언쟁에서 비롯되는 경우가 많다. 상대방의 의견이나 개성을 이해하지 못하고 첨예하게 대립할 때 예상하지 못한 험한 말을 하기도 하고 또한 듣게 되는 것이다. 서로의 인격을 존중하는 마음이 없을 때 첨예하게 대립하는 상황이 발생하고 그럼으로써 갈등이 양산되는 것이다. 그렇기에 서로의 의견이 잘 맞지 않아서 논쟁을 하더라도 상대방을 이해하려는 노력, 상대방의 개성을 존중하는 태도를 잊으면 안 된다.

우리 대한민국의 국민들은 선진국의 문 앞까지, 주위를 살필 겨를도 없이 앞만 바라보며 급한 마음으로 달려왔다. 이제 품격을 갖추어야할 선진국 국민답게 좋은 인간관계를 위하여 상대방에게 상처를 주지 않는 대화, 사람을 잃지 않는 배려의 대화를 익혀야 할 때다.

대화의 자세

• 논리는 정연해야 한다.

대화의 자리에서 명확한 주제와 방향을 찾지 못하고 두서 없이 이것저것 말을 늘여 놓다보면, 대화의 방향이 중심을 잡지 못하고 흩어지게 되어 결국에는 대화의 목적한 바가 제대로 전달되지 않는다.

• 상대를 배려한 분명한 발음과 목소리로 말해야 한다.

대화에 앞서 말해야할 요점을 사전에 정리해서 자신이 말하고자하는 뜻이 상대에게 명료하게 전달되도록 해야 한다.

• 말의 강약과 속도를 알맞게 조절해야 한다.

대화상대의 말을 빠르게 이해하는 사람이 있는 반면, 상대방의 말을 신중하게 음미하며 이해하는 사람도 있다. 아무리 급한 사항이라도 말의 내용이 정리가 되어있지 않고, 두서가 없으면 전하고자하는 내용을 제대로 전달하지 못할 수 있다. 상대의 반응을 살피면서 차분하게 말해야 한다.

• 상대를 배려하고 존중하는 마음을 갖추어야 한다.

서로에게 유익한 대화시간이 되기 위해서는 상대를 배려하고 존중하는 자세가 전제되어야 한다. 상대방의 말이 마음에 들지 않는다고 하여 딴청을 부리거나 비아냥거리는 태도를 보이면 상대방 역시 같은 모습으로 응대할 것이다.

• 적극적인 자세가 필요하다.

상대방의 말을 잘 알아듣지 못했다면 형식적으로 고개를 끄덕이지 말고 정중히 다시 묻는 자세가 필요하다. 대화의 내용을 충분히 이해하고 숙지해야 나중에 오해의 소지가 발생하지 않는다. 각종 분쟁 시에 "분명히 전했다", "아니다. 전혀 듣지 못했다"하는 다툼은 대화자리에서 상대방의 말을 가볍게 흘려들었기 때문에 생기는 불상사인 것이다.

상황에 맞는 언어를 선택하라

즐거운 대화의 시간이 되기 위해서는 대화자리에 참석한 모두가 쉽게 이해할 수 있는 언어를 사용해야 한다. 간혹 자신이 알고 있는 전문적인 언어나 외래어를 사용하여 자신의 우월함을 나타내고 싶어 하는 경향의 사람이 있다. 하지만 상대방은 자신의 의도와는 다르게 불편한 마음을 품고 있다는 것을 알아야 한다. 물론 전문적인 말은 같은 업종에 종사하는 동료나 전문성을 요구하는 사람과의 대화 등 필요한 경우도 있다. 전문용어, 업계 용어는 대화상대 또한 그 의미를 잘 알고 있어야 언어의 전달효과가 있을 것이며, 대화자리에 참석한 모두가 대화내용을 이해할 수 있어야 만족하는 자리가 될 수 있을 것이다. 외래어 역시 보편적으로 일반화 되어 있는 용어 외에는 가급적 사용하지 않는 것이 좋다. 적절치 않은 외래어 사용은 오히려 자신의 이미지를 손상시킬 뿐 아니라 상대방에게 불편함을 줄 수 있다.

상대방의 공감과 신뢰를 얻기 위한 가장 좋은 방법은 쉬운 표현에 있다. 누구나 쉽게 알아듣고 공감할 수 있는 말이 오고갈 때 즐거운 대화자리가 될 수 있는 것이다.

유머 있는 사람이 성공 한다

현대는 유머감각이 있는 남성이 미인을 차지하는 시대다. 세상에 소문난 미인이 어떤 남자를 만나서 결혼을 하느냐는 문제는 시대를 불문하고 많은 사람들의 관심의 대상이 되어왔다. 소문난 미인의 결혼은 시대상을 대변하기도 한다. 한때는 용기 있고 힘 있는 남자가 매력적인 남성을 상징하던 시대가 있었다. 그 시절에는 '열 번 찍어 안 넘어가는 나무' 없다는 말이 미인을 차지하는 시대상황을 대변하는 방법이 되기도 했다. 그래서 미인으로 소문난 건너 마을에 사는 최 진사 댁의 셋 째 딸을 아랫 마을에 사는 돌쇠란 놈이 차지할 수도 있었다. 유행가 가사의 한 구절이지만 이렇듯 농사를 주업으로 하며 살던 농경시대에는 일

잘 하고 농사를 잘 짓기 위해서는 튼튼한 체력과 힘이 최고의 가치로 평가받던 시대가 있었다. 그리고 산업화 시대와 급격한 도시개발로 인한 신흥부자들의 탄생으로 돈의 위력이 새로운 가치로 평가되기도 했다. 시대의 상황에 따라 미인을 차지하는 남자의 매력으로 꼽히는 기준이 바뀌고 있음을 알 수 있다.

지금은 과거에 비해 경제적으로 풍요롭게 되었지만 무엇에 쫓기는지 여유를 잃어버린 시대가 되었다. 자연스럽게 사람들은 풍족해진 생활 환경에 걸맞은 여유로움을 추구하며 다양한 여가생활을 통해 부족한 그 무엇을 쫓아다니는 것 같다.

유머는 여유로운 사람이 구사할 수 있는 말이다. 그러므로 현대는 유머가 있는 사람이 각광받는 시대다. 유머는 성공의 조건을 이루는 중요한 요소로써 각종 취업과정에서도 최우선의 조건이라고 할 수 있다. 조직 문화에 조화롭게 적응하며 조직원들과 잘 화합하는 것이 현대사회가 요구하는 창의력으로 이어지기 때문이다. 현대는 인공지능(AI)과 사물인터넷, 빅 데이터 등으로 대표되는 4차 산업혁명 시대다. 즉 생각과 생각이 조화롭게 어우러져 창의력을 발휘하는 사람이 성공하는 시대인 것이다. 조직원들 간의 화합은 정형화된 개인의 스펙보다 중요하다는 인식이 생긴 것이다. 대화자리에서 유머는 조직원들 간의 생각과 생각을 자연스럽게 연결하는 고리 역할을 한다.

유머는 여유에서 나온다

유머는 여유가 있고 강한 사람에게서 우러나오는 말이다. 웃음은 '백약(百藥)의 으뜸'이라는 말이 있듯이 활발한 웃음은 즐거운 것이고, 건강에도 유익하다. 유머를 소중히 하고 적절히 구사한다면 곤란한 순간과 어려움을 무난히 극복할 수 있다. 유머는 사람이 지니고 있는 강력한 능력 중의 하나이기 때문이다.

유머는 왜 웃음을 주는가?

그것은 규격에서 벗어나기 때문이다. 좋은 의미로써 규격에서 벗어난다는 것은 여유가 있다는 것을 나타낸다. 여유가 있음으로 해서 유머를 즐거운 마음으로 받아들이는 유희(遊戲)가 가능해 지는 것이다. 유머는 긴장되고 어색한 자리를 밝게 만들고 사람들의 마음을 편하게 한다. 현명한 사람은 힘든 상황에 놓여 있을지라도 유머를 잃지 않는 여유를 지닌 사람이다.

유익한 유머는 지성에서 우러나온다. 적절한 순간과 상황에 걸맞은 유머는 지적으로 잘 준비된 사람이 구사할 수 있는 언어의 유희다. 또한 유머는 새롭고 신선해야 유머로써 가치를 발휘한다. 아무리 재미있는 말이라도 두 번 세 번 되풀이한다면 그 말은 이미 흥미로움을 지니지 못한다.

부작용이 없는 유머를 구사하라

유머는 확실히 인간만이 구사할 수 있는 고차원적인 언어의 기술이며 특권이다. 유머는 인간관계속에서 때때로 직면하게 되는 스트레스와 긴장을 완화시켜 주며 또한 침체되어 있는 대화자리의 분위기를 새롭게 전환하는 역할을 한다. 하지만 잘못된 유머의 사용은 오히려 역효과가 날 수 있음을 명심해야 한다. 유머는 상대를 존중하는 예의와 배려하는 마음을 잊지 않는다면 부작용이 거의 없는 소통의 활력제가 될 수 있다.

유머의 소재는 일상생활에서 느낀 감정 또는 유행하는 이야기 중에서 자신의 생각을 가볍게 삽입하여 대화에 활용하면 친근감과 함께 긴장을 풀어 줄 수 있는 촉매제 역할을 한다. 대화의 시간이 즐거운 시간이었다고 느끼는 것은, 대화자리의 분위기를 고려한 적절한 유머와 배려의 마음에서 생기는 것이다.

영국의 총리 윈스턴 처칠(Winston Leonard Spencer Churchill)은 자주 넘어졌다고 한다. 어느 날 처칠이 연설을 하기 위해 연단 위로 올라가려다 계단에 걸려 넘어졌다. 청중들은 그 모습을 보며 모두 웃었다. 처칠은 청중들과 함께 웃으면서 말했다.

"여러분이 제가 넘어지는 모습을 이렇게 좋아하는 줄 몰랐습니다. 그렇다면 다시 한 번 넘어져 드리겠습니다."

진정 국민을 사랑하고 정의감이 넘쳤던 정치인들은 유머를 자주 사용했다. 그것은 국민을 웃게 하는 일이 정치가의 첫 번째 소명임을 깨달았기 때문이다.

유머는 다른 사람을 배려하는 마음을 기본적으로 담고 있어야 한다. 그리고 중요한 것은 자신은 물론 상대 역시 재미있다고 느껴야 비로소 유머가 완성되는 것이다.

유머의 한계와 이해

유머나 농담을 결코 가볍게 생각해서는 안 된다. 대화 중에 가볍게 건네는 유머나 농담은 어색함과 불편한 요소를 제거하고 심지어는 상하 관계의 완고한 벽도 일시에 무너뜨리는 묘약이 되기도 하지만 반드시 일정한 한계와 예의는 지켜야 한다는 것을 명심해야 한다.

어느 대기업 총무부 차장인 B는 부하직원들에게 인기가 좋은 사람이다. 그는 스스럼없이 부하직원들과 격의 없이 대화하고 부하직원들의 고민도 잘 들어주는 배려심이 깊은 상사다.

어느 날, 퇴근 후, 부서 회식자리에서 있었던 일이다.

즐거운 회식자리에서 술잔을 주거니 받거니 하며 이런저런 이야기를 나누다보니 대화분위기는 한껏 달아올랐다. 그때 한 여직원이 B차장에게 술잔을 올리면서 말했다.

"차장님은 호걸 같으세요. 자, 호걸처럼 멋진 건배사 한 번 해주시고 원샷 하세요!"

그 말이 끝나기 무섭게 여직원들이 까르르 웃기 시작했다.

자신의 당당한 체격을 칭찬한 것으로 생각한 B차장이 환하게 웃으며 멋지게 건배사를 하고 들고 있던 술잔을 시원하게 다 마신 후 익살스러운 표정으로 머리 위에 털어보였다.

"자! 호걸처럼 멋지게 원샷 했지."

그 말에 여직원들이 더욱 심하게 웃는 것이 아닌가?

B차장이 영문을 몰라 어리둥절한 표정을 짓자 옆에 앉은 여직원이 친절하게 설명까지 곁들였다.

"호호호, 차장님. 호걸은 호떡집 걸레라는 뜻인데 모르셨어요. 그럼 소갈머리 없는 사람은 무슨 뜻인 줄 아세요?"

B차장은 여직원들의 농담에 듣자듣자 하니 정말 가관이라는 생각이 들었다. 이번엔 조금 벗겨진 자신의 윗머리를 빗대어 놀리고 있는 것이 아닌가.

여직원들에게 연거푸 놀림을 당한 B차장은 끓어오르는 화를 애써 삭였다.

B차장의 표정이 붉게 변하는 것을 보면서도 여직원들은 B차장의 머리를 보며 계속 킥킥거리며 웃고 있는 것이 아닌가.

B차장은 그 모습에 참고 있던 분노가 폭발했다.

"지금 이게 뭐하는 짓들이야! 아무리 회식자리지만 내가 너희들 노리개 감이야. 이제 앞으로 회식은 없어!"하며 호통을 친 B차장은 자리를 박차고 나가버렸다.

그 후로 사무실 분위기는 냉랭해졌고 한 달에 한두 번 하던 회식도 아주 없어져버렸다.

그 후 회사 내에는 B차장은 부하직원의 농담도 수용하지 못하는 속 좁은 사람이라는 소문이 나돌기 시작했다. 그 소문을 들은 B차장은 회식자리에서 부하직원의 농담을 웃음으로 넘기지 못하고 화를 분출한 자신의 경솔한 행동을 후회했다. 그리고 상사의 외모를 유머의 소재로 삼았던 여직원 또한 자신의 경솔한 언행을 반성하고 용기를 내어 B차장에게 사과했다. 사무실은 다시 활기를 되찾게 되었고, 그 여직원은 어느 누구보다 말을 조심하는 신중한 사람으로 변모하였다.

유머와 조크는 언어의 윤활유다

일상생활 중 순간적으로 좋은 생각이 떠올라서 고민하던 일을 해결한 경험이 있을 것이다. 사람의 일상적인 생활 속에 삶의 활력소가 되는 재치가 숨어 있다는 사실을 아는가.

유대인은 재치, 즉 기지(機智)를 높이 평가하는 민족성을 갖고 있는 민족이다. 그래서 그들은 전통적으로 조크 또는 수수께끼 같은 것을 소중히 여겨 왔다.

유대인은 '조크를 '머리를 날카롭게 가는 숫돌이다.'라고 생각해 왔으며 그 이유로 조크는 의외성이 있기 때문이라고 설명한다.

유대인들은 시기적으로 자녀가 사리를 분별할 수 있는 시기가 되면, 자식들에게 여러 가지 수수께끼를 내어 순간적인 재치를 훈련시켰다. 어려서부터 가정에서부터 재치에 대한 교육을 받은 유대인들은 항상 조크를 주고받는 것이 일상이 된 민족이다.

조크는 웃음을 줄 뿐만 아니라 어떤 상황에서도 전체적인 조화를 이루기 위하여 적절한 화법을 항상 생각해야 하기 때문에 두뇌작용을 활발하게 한다. 다시 말해서 조크는 두뇌라고 하는 기계의 회전을 원활하게 하는 윤활유와 같은 역할을 하는 것이다.

조크는 언어의 마술이다

유대계 국제적 금융 자본가인 로스차일드는 런던에서 영국 궁전을 드나들며 전쟁 금융 조달 위주의 사업수완으로 막대한 금융기업을 이룬 굴지의 사업가다. 그가 대부호가 될 수 있었던 것은, 유머와 조크를 적절히 이용할 수 있는 재치가 있었기 때문이라는 것은 잘 알려진 사실이다.

사전적 의미를 찾아보면, 유머(humor)는 '익살스럽고 품위가 있는 말이나 행동'그리고 조크(joke)는 악의 없이 장난으로 하는 말이나 익살이다. 적절하게 구사하는 유머와 조크는 대화자리를 즐겁게 한다. 조크의 특징 중 하나는 의외성이 있다는 것이다. 사람은 사회적인 규범이나 관습에 의해서 어느 정도 규격에 박힌 사회생활을 하고 있다. 그러므로 의외성이 있는 사건이나 이야기를 들으면 긴장이 풀리면서 놀라거나 웃음을 터뜨리게 된다.

예를 들면, 위엄을 갖춘 사장이 바나나 껍질에 미끄러져 넘어졌다면 사람들은 웃게 된다.

왜 웃을까?

위엄 있는 신사인 사장이 바나나 껍질에 넘어졌다는 사실은 뜻밖이기 때문이다. 종종 권위는 함부로 범접할 수 없는 근엄함이나 거짓된 껍질을 쓰고 있는데, 그것이 미끄러져 넘어짐으로써 일순간 그것이 벗겨지게 되는 것이다. 또한 웃음은 반항적인 것이기도 하다. 사람은 어떤 일에 몰입해 있다면 웃을 수 있는 여유를 찾아 볼 수가 없다. 그러나 대상을 객관화함으로써 긴장이 풀리며 여유가 생기고, 여유가 있으므로 유머가 생겨나는 것이다. 또한 사물에 대한 비판정신이 없다면 효과적인 유머는 이루어지지 않는다. 이렇듯 조크나 유머는 창의력을 키울 수 있는 좋은 언어습관이 될 수 있다. 우리도 이와 같이 즐거울 때뿐만 아니라 힘들고 벅찬 시련이 닥치더라도 웃음과 유머를 잃지 말아야 할 것이다.

─── 기지(機智)는 성공이 담겨 있는 요술 상자 ───

기지(機智)의 사전적 의미는 '일을 재치 있게 처리하는 지혜'다. 기지는 무심히 생각해서는 좀처럼 좋은 아이디어가 떠오르지 않는다. 좋은 아이디어는 평소 꾸준한 훈련으로 닦여져야 유용한 기지가 떠오르는 것이다. 그렇게 잘 훈련된 기지는, 사람을 정신적인 부자로 만들고 행복하게 한다. 기지는 마치 행복을 만드는 요술 상자와 같다고 할 수 있다.

유대인은 순간적인 기지를 발휘하여 상술에 뛰어난 능력을 발휘했다. 상거래에서 지폐를 만들어 유통시킨 최초의 사람들은 유대 상인들이었다. 무거운 동전보다는 보관이 간편하고 이동이 편리한 유통방법을 항상 생각한 끝에 수표와 지폐를 생각한 것이다. 백화점의 탄생 또한 유대인 작품이다. 백화점이 탄생하기 전, 상거래는 단일 품목으로 이루어졌다. 구두는 구두점에서, 식료품은 식료품점에서, 쇠로 만든 물건은 철물점에서만 구입할 수 있었다. 물론 기독교인들이 모여 사는 도심의 중심지에는 각종 물건을 구매할 수 있는 시장이 있었지만 나라를 잃고 유랑하는 유대인들은 시장 내에 상점을 개설할 수가 없었다. 그들은 주로 손수레에 물건을 싣고 장사를 하러 각지로 돌아다녔는데 수레에 물건을 싣고 장사하던 유대인들이 한 곳에 모여서 각종 물건을 팔기 시작하더니, 자신들이 모여서 장사하는 곳에 지붕을 올리고 진열대를 만들기 시작한 것이 백화점의 시초가 되었다. 이렇게 시작된 유대인 손수레 집단상가에서는 여러 곳을 다니지 않고도 한 곳에서 모든 물건을 구입할 수 있었는데 점차 규모가 커지다보니 대량구매로 인하여 상품단가를 저렴한 가격에 판매할 수 있었다. 유대인들의 이러한 기지는 사회현상을 객관적인 관점에서 바라보는 민족성이 있었기 때문에 그 진가가 발휘된 것이다.

우리에게는 너무나 익숙해져 있는 고정관념이 있다. 고정관념의 부정적인 요소는, 새로운 판단을 차단하는 경우에 있다고 할 수 있다. 기지는 이러한 고정관념의 틀을 깸으로써 사고의 확장과 자신의 삶에 새로운 계기를 준다.

유대인들의 삶의 지침서 〈탈무드〉에는 다음과 같은 이야기가 전해지고 있다.

삼 형제를 둔 아버지가 낙타 17마리를 남기고 세상을 떠나면서 아들들을 앞에 앉혀 놓고 유언을 남겼다.

"내가 너희들에게 나의 전 재산인 낙타 17마리를 유산으로 물려주니, 너희들은 그것을 다음과 같이 나누어 가지도록 하라. 첫째는 내 재산의 1/2을, 둘째는 1/3을, 셋째는 1/9을 가지도록 해라."

형제들은 아버지의 장례를 치른 후, 한 자리에 모여 앉아서 의논을 했지만 도저히 아버지의 유언대로 낙타를 나누어 가질 수가 없었다. 첫째 아들은 다음과 같이 말했다.

"낙타 17마리의 절반이라면 8마리를 가지고 나머지 한 마리는 어떻게 하란 말인가, 살아있는 낙타 한 마리를 죽여서 절반을 가지라는 것인가?"

형제들은 한 자리에 모여 아무리 머리를 짜보아도 분배할 방도를 찾을 수가 없었다. 형제들이 아버지가 물려준 유산을 분배할 방법을 찾지 못해서 머리를 싸매고 고민을 하고 있는 형제들을 지켜본 랍비가 있었다. 아들들은 랍비에게 자신들의 사연을 말한 후, 해결방법을 물었다. 곰곰이 생각하던 랍비가 삼형제를 바라보며 말했다.

"낙타가 홀수라서 고민들을 하고 있었구려. 그렇다면 내가 타고 온 낙타 한 마리를 빌려줄 테니 다시 한 번 나눠보시오."

삼형제는 18마리의 낙타를 가지고 분배를 시작했다. 첫째는 9마리, 둘째는 6마리, 셋째는 2마리를 가졌다. 정확하게 첫째는 1/2을, 둘째는 1/3을, 막내는 1/9을 나누어 가졌다.

랍비는 삼형제를 바라보며 말했다.

"자 그럼, 아버지의 유언대로 유산을 나누었군, 그렇다면 이제 내가 자네들에게 빌려준 낙타 한 마리는 내가 도로 가져가도 되겠지." 하고는 형제들에게 빌려주었던 낙타를 끌고 가던 길을 그대로 갔다.

유대인의 기지와 재치 2

탈무드에는 기지(機智)를 발휘하여 자신의 재산을 고스란히 자식에게 물려준 내용의 이야기도 있다.

한 나그네가 예루살렘을 떠나 여행하는 도중 어느 도시에 이르러 병이 들었다. 그의 병은 나날이 악화되었고, 그는 자신의 죽음이 임박한 것을 알고 그동안 신세를 진 친구인 집주인을 불렀다. 나그네는 자신이 가진 귀중품을 친구에게 맡기고 난 후, 다음과 같은 유언을 남겼다.

"여보게 친구, 만일 나의 아들이 예루살렘으로부터 이 곳에 와서 세 번의 재치 있는 지혜를 보여준다면 내가 맡긴 물건들을 내 아들에게 넘겨주게. 하지만 나의 아들이 그런 재치를 보이지 않거든 나의 유산을 내 아들에게 넘겨주지 말고 자네가 갖도록 하게."

나그네는 이와 같은 유언을 남기고 하늘나라로 떠났다. 얼마 후, 그의 아들이 그 도시에 도착했다. 아들은 아버지가 신세진 집의 주인이 살고 있는 곳을 물었지만, 어느 누구도 그 사람이 어느 곳에 살고 있는지 대답해 주지 않았다.

마침 그때, 커다란 나무를 지게에 싣고 지나가는 사람이 있었다. 나그네의 아들은 그에게 물었다.

"그 나무를 나에게 팔지 않겠습니까?"

나무꾼은 환한 웃음을 띠우며 말했다.

"네, 그렇게 하지요."

나그네의 아들은 후하게 나무 값을 결정하고 주머니에서 돈을 꺼내며 말했다.

"여기 돈이 있습니다."

나그네의 아들은 돈을 건네주며 나무꾼에게 자신의 아버지가 신세진 집으로 안내하도록 부탁했다. 아들은 나무를 짊어진 사람의 뒤를 따라 마침내 찾고자 하던 집을 찾을 수 있었다. 이것이 첫 번째 현명한 방법이었다.

아버지 친구의 집에 도착하여 자신이 이 곳에서 병으로 죽은 나그네의 아들이라고 인사를 하자 집주인은 환대를 했다. 그리고는 집주인은 가족과 함께 식사를 하자고 권했다. 그 집에는 주인 내외를 비롯해서 두 아들과 두 딸이 있었다. 그런데 점심 식탁 위에는 로스트 치킨이 다섯 마리밖에 나와 있지 않았다. 주인은 친구의 아들인 손님더러 치킨을 공평하게 나누도록 권했다.

"제가 나누다니요. 황송한 일입니다."

아들은 집주인의 요구를 정중히 사양했다.

"괜찮소. 사양하지 말고 공평하게 나누어 주기를 부탁드리겠소."

주인은 거듭 부탁했다. 그래서 할 수 없이 젊은이는 치킨을 나누기 시작했다.

그는 치킨 한 마리를 주인 내외의 몫으로 나누고, 다음번 치킨은 두 아들의 몫으로 나누었다. 그리고 다음번 것을 두 딸 몫으로 나누었으며, 나머지 두 마리는 자기 몫으로 차지했다. 가족들은 손님의 이 엉뚱한 분배 방식에 대해서 아무런 불평도 하지 않고 치킨을 먹기 시작했다. 이것이 주인이 그를 시험하는 두 번째의 문제에 대한 대답이었다.

저녁 식사 때에는 암탉 요리가 나왔다. 주인은 또다시 손님에게 암탉을 잘라서 분배하도록 부탁했다. 젊은이는 머리 부분을 주인 몫으로, 내장은 부인 몫으로, 다리는 두 아들에게, 날개는 두 딸에게 주고, 몸통 부분은 자기가 차지했다. 이것은 주인이 그를 시험하는 세 번째 문제였다.

주인은 손님에게 궁금한 듯이 물었다.

"예루살렘에서는 이런 식으로 음식을 나누는 겁니까? 점심 식사 때에는 아무 말도 묻지 않았소만, 이번에는 젊은이의 분배 방식의 이유를 꼭 들었으면 하오."

그러자 젊은이는 자신의 분배방식에 대한 이유를 설명했다.

"제가 감히 음식을 나누는 일이 마음이 내키지 않았지만, 꼭 그렇게 해달라고 주인께서 부탁을 하셨기에 그랬던 것입니다. 그럼, 제가 나눈 방식에 대해 설명해 드리지요.

점심때에는 일곱 사람에게 다섯 마리의 치킨을 나누게 되었습니다. 그 근거는 다음과 같습니다. 주인어른과 부인, 그리고 치킨 하나로 숫자는 3이 됩니다. 또 아드님 두 사람과 치킨 하나면 또 3이 됩니다. 마찬가지로 두 분의 따님과 치킨 하나로 역시 3이지요. 그리고 저와 치킨 둘이면 3이 되어 공평하게 나누어진 것입니다.

다음에는 저녁 식사의 분배방식입니다. 저는 먼저 주인어른에게 머리 부분을 드렸습니다. 그것은 주인어른이 이 집의 우두머리이기 때문입니다. 부인에게 내장을 드린 것은 마님은 가정의 풍요의 상징이기 때문에, 또 아드님에게 다리를 나누어 준 것은 두 사람이 이 집의 기둥이기 때문입니다. 따님들에게 날개를 드린 것은 장래에 두 분이 이 집을 떠나 남편의 집에서 살게 되기 때문입니다. 저는 몸통 부분을 먹게 되었습니다. 그것은 제가 이곳에 배를 타고 와서 돌아갈 때도 배로 가기 때문입니다."

"참으로 훌륭하오. 과연 젊은이는 내 친구의 아들이오."

주인은 그렇게 말하고 나서 친구가 맡겼던 물건들을 젊은이에게 내어주었다.

화를 슬기롭게 넘겨라

유유히 흘러가는 깊은 강물은 큰 돌을 던져도 변화가 거의 없다. 그러나 작은 웅덩이의 물은 돌을 던지면 큰 소리를 내며 담고 있던 물을 밖으로 쏟아내며 튀어 오른다. 그리고는 밑바닥의 모습을 모두 드러내고 만다.

작은 비난에도 자신의 화(火)를 쉽게 드러내는 사람은 조그만 웅덩이 안에 고여 있는 물과 같다고 할 수 있다. 그 이유는, 분노한 사람은 순간적인 감정을 억제하지 못해서 자신의 마음속을 모두 드러내기 때문이다. 하지만 더욱 치명적인 것은 가슴속 깊이 새겨두었던, 해서는 안 될 마지막 말(last word)을 내뱉는 수가 있다는 것이다.

한 번 입에서 나와서 내뱉은 말은 엎질러진 물그릇의 물처럼 다시는 그릇에 주워 담을 수 없다. 때문에 분노했을 때는 말을 아끼는 것이 최선이다. 언행에는 반드시 책임이 따른다는 사실을 명심해야 한다. 또한 사실관계가 명확하지 않은 말, 남을 흉보는 말, 상대에게 모욕감을 줄 수 있는 말 등은 각별히 주의해야 한다. 사회생활을 하다보면 분명하게 화를 내야 할 경우도 있지만 화를 자주 내는 사람은 인생이 좋은 방향으로 잘 풀리지 않을 확률이 높다. 그 이유는, 화는 상대에 대한 불만을 표출하는 것일 때가 많기 때문이다. 그것은 결국 자신의 마음에 평화가 없고, 삶이 자신의 뜻대로 잘 이루어지지 않는다는 반증인 것이다.

세상사는 일반적으로 나의 생각과 다른 생각을 갖고 있는 사람들과의 어울림이다. 생각이 다른 사람과의 충돌, 즉 삶은 이해의 대립이 늘 존재한다는 것이다. 때문에 자신이 다른 사람을 이해하려는 마음을 더욱 크게 키우지 않는 한, 세상은 결코 자신의 생각대로 바뀌지 않는다는 것을 깨달아야 한다.

지혜로운 사람은 화를 스스로 다스린다

현대인은 각자의 개성이 뚜렷하고 또한 자신의 개성을 다른 사람들로부터 존중받기를 원하기 때문에 대화자리에서 각자의 입장 차이가 존재한다. 때문에 각각의 의견과 주장이 다를 수밖에 없는 것은 당연한 일이다. 그렇다면 그때그때 상황에 따라 대화에 대처하는 능력을 키우는 것이 현대사회를 지혜롭게 살아가는 방법이라고 할 수 있을 것이다. 그러나 세상이 아무리 변화무쌍하게 바뀐다고 할지라도 변하지 않아야 할 기본적인 대화법칙이 있다. 그것은 고운 말과 바른 말씨는 변함이 없어야 한다는 것이다. 또한 상황에 따라 서로 언성을 높일 수 있고 높은 소리로 격론을 벌일 수는 있지만 언제나 상대방의 입장에서 생각하는 배려의 대화자세 역시 불변이다.

우리는 때로는 화를 내거나 화를 낼 수밖에 없는 상황 때문에 힘들어 하기도 한다. 하지만 곰곰이 생각해 보면 화낼 일도 아닌데 급한 성격에 소리부터 지르거나 행동을 험악하게 하여 대화자리의 분위기를 깨고는 돌아서서 곧바로 자신의 행동을 후회한 경험이 있을 것이다. 그것은 다른 사람의 마음을 이해하는 능력이 부족하여 생기는 현상이다. 타인의 마음을 헤아리지 못하는 사람의 마음은 어린아이와 같다고 할 수 있다. 어린이는 생각의 범위가 깊지 못하기 때문에 자기의 고집을 잘 굽히지 않는다. 자신이 세상의 중심이라고 착각을 하기 때문이다. 따라서 어른이 된다는 것은, 세상의 일이 자신의 뜻대로만 움직여 주지 않으며 자신이 세상의 중심이 아닐 수도 있다는 것을 깨닫는 과정인 것이다.

예의와 품위는 겉모습이 아닌 마음속에 존재하고 있다. 예의와 품위를 갖춘 사람은 어느 누구와 대화를 나누더라도 상대방의 입장에서 생각해 보는 역지사지(易地思之)의 자세가 기본이 되어있다.

화(火)는 적을 만드는 요인이 된다

다툼이나 분쟁이 발생했을 경우, 옳고 그름을 생각할 여유도 없이 감정적으로 분개함으로써, 서로에 대한 불신과 오해가 커지는 일을 목격할 수 있다. 또한 상대방의 의견이 옳다는 것을 알고 있음에도 불구하고 감정적으로 분개하여 상대방의 의견을 무시하는 경우도 있다.

화가 났을 때에는 행동을 하기에 앞서 마음속으로 천천히 하나에서 열까지 천천히 세어보라. 이러한 행동이 습관이 되면 나중에는 숫자를 셀 필요 없이 스스로 자신의 화를 삭이게 되는 효과를 보게 될 것이다.

화가 오른 상태에서의 발언과 주장은 상대방을 이해시키고 설득하는데 전혀 도움이 되지 않는다. 화를 내거나 분노한 모습으로 상대방에게 공포감을 줌으로써 일시적으로 자신의 요구가 받아들여질 수는 있겠지만 결과적으로는 자신을 피하게 하고 일의 결과를 돌이킬 수 없는 상태가 되게 하는 원인이 되는 것이다. 특히 상대방에게 감정적으로 반감을 갖게 하여 상대방의 진심어린 공감을 얻을 수 없게 한다.

화를 자주 내는 사람일수록 본래 자신의 성격이 불같기 때문에 그랬다며 단순하게 생각하는 경향이 있다. 하지만 자신은 그렇게 단순히 넘길 수 있다고 생각할 수는 있겠지만 화가 난 상태에서 상대방에게 한 말은, 때로 상대방의 마음에는 돌이킬 수 없는 상처를 남길 수 있다는 것을 명심해야 한다. 주먹다툼으로 인한 몸에 생긴 상처는 시간이 지나면 아물겠지만 누군가로부터 들은 험한 말은 메아리처럼 마음속을 맴돌며 아물지 않는 깊은 상처를 남길 수 있다.

이러한 불상사를 미연에 방지하기 위해서는 자신의 화를 억제하지 못하는 자신의 성격을 스스로 고칠 수 있는 방법을 반드시 강구해야 한다. 그 방법을 찾아야 할 사람은 자기 자신밖에 없다. 그 방법을 생각하고 스스로 개선하여 그것이 습관이 될 수 있도록 노력한다면 인간관계에서 또한 좋은 결과를 얻을 수 있을 것이다.

약자와 강자

사회생활을 하다보면 습관적으로 타인을 비난하거나 험담을 하는 사람을 만날 수 있다. 그러한 습관을 지닌 사람일수록 자신이 비난하던 상대방과 마주하는 자리를 피하는 경향이 있으며 어쩔 수 없이 서로 마주앉아야 하는 대화자리에서조차 예의라고는 찾아볼 수 없는 경우가 있다. 그것은 자기가 그 사람에 대해 비난한 것을 합리화하기 위한 의식적인 행동인 것이며, 그러한 사람과 함께하는 대화자리의 분위기는 언제나 불유쾌하다.

누구라도 다른 사람을 비난하거나 조롱할 권리가 없다는 것을 명심해야 한다. 당사자가 없는 곳에서 그 누군가를 비난하며 헐뜯는 사람의 이러한 습성은 다른 사람에게 관심을 받지 못할 뿐만 아니라 사랑받지 못하는 자신의 무능함을, 타인의 결점을 들추어서 자신의 존재를 부각시키고 싶어 하는 사회적으로도 인정받지 못하는 약자의 전형적인 모습이다.

그러한 사람은 누군가를 설득할 때 자신의 말을 상대방이 잘 이해하지 못한다는 생각이 들면, 부드럽게 논리적으로 상대방을 설득해야 한다는 본래의 의도를 잊어버리고 습관적으로 화를 내는 경향이 있다. 그들의 특징은 의외로 단순하다. 상대방이 약한 모습을 보이면 더욱 그러한 모습을 보인다는 것이다. 그들의 그러한 행동의 원인은, 대화보다 화를 내는 것이 수월하게 일을 처리하는 방법이라는 것을 경험상으로 습득했기 때문이다. 특히 자신보다 나이가 적거나 지위가 낮은 사람의 마음을 움직이려 할 때 더욱 그렇다. 그들이 습관적으로 화를 낼 수 있는 것은 정말 강한 임자를 아직 못 만났기 때문일 수도 있다. 진정한 강자 앞에서는 온순해 지는 것도 약자의 특징이다.

진정한 강자는 항상 겸손하며, 타인의 결점을 보호하고, 타인의 장점을 인정하는 포용적인 마음이 있다.

분노의 결론은 파멸이다

석가모니는 화가 난 사람을 다음과 같이 표현했다.

"분노를 가슴에 지니고 있는 것은 누군가에게 던지기 위하여 손에 숯불을 쥐고 있는 것과 같다. 하지만 결국 화상을 입는 것은 자기 자신이다"

화가 머리끝까지 치솟을 때는 아무 생각도 할 수 없으며, 아무것도 보이지 않게 된다. 그래서 정말 순식간에 돌이킬 수 없는 일을 저지르고는 한다. 하지만 큰 숨 한번 들이쉬는 짧은 멈춤의 순간에 분노는 가라앉는다.

감정적으로 흥분 상태에 있을 때는 생각의 범위가 좁아지기 때문에 평소에는 웃고 넘길 수 있는 단순한 일에도 흥분할 수 있으며, 작은 잘못이나 실수도 도저히 용서할 수 없고, 이해할 수 없는 심각한 문제처럼 생각되기도 한다. 그러기에 상대방이 흥분하며 감정적으로 나올수록 침착하고 이성적으로 대처해야 한다. 인내심을 갖고 흥분한 상대방의 이야기를 경청한 후, 대화로써 해결의 돌파구를 찾아야 하는 것이다. 자신 또한 마음속에서 화가 치밀어 오를 때는 일단 마음을 진정하고 원인은 무엇인지,

또한 상대방 입장 또한 헤아려보는 배려의 마음이 반드시 필요하다.

순간의 분노를 참지 못하여 높은 곳에서 투신한 사람은 낙하하는 그 순간에 늦은 후회를 한다고 한다. 하지만 이미 돌이킬 수 없는 행동을 한 것이다. 다행히 목숨을 잃지는 않았다하더라도 영원히 불구의 몸으로 살아야하는 것이다. 평생을 불구의 몸으로 살아가야 할 만큼의 큰 문제가 과연 무엇이었던가?

주택가 골목마다 주차할 자리를 확보하기 위해 이웃 간의 불화가 발생하고, 공동주택의 층간소음의 문제로 화를 참지 못해서 불을 지르고 살인사건까지 발생하는 놀라운 보도가 사람들의 마음을 안타깝게 한다.

조용히 생각해보자. 자신의 차를 세우는 일이, 말로 주의를 주어 해결해야할 층간소음의 문제가, 평생을 죄인의 몸으로 감옥에서 보낼 만큼 화가 나는 일인가를.

/ 6장 / **스스로 인격을 높여라**

부드러운 카리스마

지금 베트남 국민들은 자국의 축구 국가대표 감독인 한국인 박항서를 '박항서 매직', '베트남의 영웅'이라고 부르며 그의 지도력에 매료되어 열광하고 있다. 박항서 감독은 축구의 변방국에 머물러 있던 베트남 축구 국가대표팀을 AFC 챔피언십 대회 결승전에 진출시켰으며, 팔렘방 아시안게임에서 베트남 축구 역사상 처음으로 4강에 오르는 등 지금까지 베트남 국민들이 경험해 보지 못했던, 베트남 국민들이 애써 외면했던 축구 약체 국이라는 마음속에 감추고 있던 자괴감을 '우리도 할 수 있다'는 자부심으로 바꾸어 놓았다.

필자는 박항서 감독이 짧은 기간 동안 선수들에게 특별한 축구기술을 전수했으리라고는 생각하지 않는다. 다만 어린 선수들에게 조국을 대표하는 국가대표로서 마땅히 갖추어야할 정신적인 동기부여를 심어주었을 것이다.

그는 선수들이 나태해질 때는 "너희들은 베트남 정신을 상실한 것 아니냐"며 따끔한 질책도 했으며, 지금까지의 훈련과는 차원이 전혀 다른 체력훈련에 힘들어 하는 선수들에게 지속적으로 베트남 정신을 강조했다고 한다. 선수들의 흘리는 땀이 조국을 위한 것이라는 것을 강조한 것이다. 경기 전 라커룸에서는 선수들의 투지를 일깨우는 다음과 같은 말을 자주했다고 한다.

"기적은 쉽게 이루어지지 않는다. 기적을 만들 수 있는 행운은 없다. 우리가 흘린 땀으로부터 기적은 만들어질 것이다"

또한 그는 선수들의 발 마사지를 직접해주기도 하고 부상 선수에게는 자신의 항공 비즈니스 석을 양보하는 등 말과 행동이 일치되는 믿음의 지도력으로 선수들의 마음을 사로잡았던 것이다.

박항서 감독은 선수들에게 허물없이 장난을 걸기도하고 머리를 쓰다듬기도 하는 등 격의를 따지지 않는 아버지처럼 선수들과 교감하고 대화한다. 선수들은 박항서 감독의 이러한 '아버지 리더십'에 감명을 받고 자신들의 존재가치에 새로운 깨달음을 얻었을 것이다. 존경받을 수 있는 카리스마를 갖추기란 쉽지 않다. 카리스마 또한 긍정적이고 부드러운 마음으로 상대를 배려할 때 생기는 것이다.

카리스마(Charisma)의 뜻

카리스마(Charisma)는 신의 축복을 뜻하는 그리스어의 Kharisma 로부터 유래하였다. '신의 특별한 은총'이라는 뜻으로 사전적 의미로는 '대중을 심복시켜 마음으로 따르게 하는 능력이나 자질'을 의미한다. 카리스마라는 말은 20세기에 와서야 비로소 독일의 사회학자 막스 베버에 의해 학술적 용어로 사용되기 시작했다.

카리스마(Charisma)의 본래의 뜻은 단순히 자신에게 굴복시켜 순종하게 만드는 것이 아니라 진심이 있는 열정으로 일을 하다 보니 대중의 마음을 얻고 신뢰를 받은 지도자를 말한다. 카리스마(Charisma)의 어원을 살펴보면 그 뜻이 분명해 진다.

기원후 50년, 사도 바울에 의해서 '카리스마'라는 단어를 처음 사용하게 되었다. 당시 아테네에서는 사도 바울을 신의 카리스(은총)를 받은 사람이라고 부르며 우러러보았다. 다른 사람의 마음을 매료시키고 영향을 끼치는 능력이 탁월한 사도 바울이 아테네 광장에 나타나면 그의 모습에 탄복한 아테네 시민들이 그의 주위로 모여들었다.

대한민국 정치의 암울한 시기였던 군부독재시대에는 억압과 폭력, 혹독한 인권유린으로 힘없는 국민을 폭력으로 굴복시키려고 하였지만, 그들의 정치는 실패했음으로 역사에 기록될 것이다. 그것이 역사의 무서움이다.

한때 우리는 그것을 강력한 카리스마라고 하며 우러르는 잘못된 인식을 갖기도 했다. 또는 공권력을 동원한 거대한 그들의 폭력에 두려움을 느껴서 그러한 무자비한 폭력이 자신에게는 미치지 않기를 바라는 마음에서 그랬을지도 모른다. 자신에게 폭력이 오는 것을 방지하는 수단으로 그러한 폭압정치행위를 찬양했던 것이다. 하지만 결코 국민을 배려하는 마음이 없는 폭력적인 방법으로는 대중의 화합을 이끌어 낼 수 없다는 것을 우리는 많은 희생을 치르고 나서야 비로소 깨닫게 되었다. 부드러운 카리스마를 갖춘 지도자를 국민들은 기다리고 있고 앞으로의 시대는 국민을 배려하는 카리스마를 갖춘 지도자가 많은 사람들의 호응을 받을 것이다.

자신의 얼굴에 책임을 져라

사람의 얼굴에는 스스로의 삶의 모습이 고스란히 새겨져 있다. 스스로 자랑스러운 삶은 자랑스러움으로, 비루한 삶은 비루한 모습으로 자신의 얼굴에 새겨지는 것이다. 다시 말해서, 숨기고 싶은 삶 또는 자랑스러운 자부심이 넘치는 삶의 모습이 말로 표현하지 않아도 얼굴에는 그대로 나타나는 것이다.

얼굴은 마음을 표현하는 거울이다. 표정은 안면근육의 움직임으로 형성되는데 안면근육은 자율신경으로 자신이 의식하지 않더라도 마음상태에 따라 자율적으로 움직이도록 되어있다. 하지만 자신의 노력여하에 따라서 현상을 받아들이는 마음은 바꿀 수 있다. 일단 마음이 바뀌어야 얼굴 표정이 바뀌는 것이다.

　　인간은 세상에 존재하는 모든 만물 중, 유일하게 자신의 마음을 갖가지 표정으로 표현할 수 있는 생명체이다. 사람은 거짓말을 하거나 허풍을 떨 때, 앞과 뒤가 일치되지 않는 변명, 또는 자신의 숨기고 싶은 일에 대한 질문을 듣거나 스스로 자신의 말에 어색함을 느끼면 얼굴색이 변하거나 당황하는 표정이 된다. 그렇기에 대화를 할 때 상대방의 표정과 말의 의미를 잘 살펴야 한다. 우리는 누군가와 대화를 나눈 후 어떤 선택을 해야 할 때, 상대방의 표정과 진지함을 보고 어떤 일을 결정하는 경우가 있다.

　　누군가를 설득하기 위한 대화자리에서 말은 달콤하고 표정은 부드럽지만, 내면의 마음과 일치하지 않는 사람의 어색한 얼굴의 표정은 숨길 수가 없는 것이다.

온화한 마음이 얼굴을 바꾼다

　　관상(觀相)은 얼굴을 본다는 뜻이지만 실제로 관상가가 보려고 하는 것은 마음의 본체, 즉 심성(心性)인 것이다.

대한민국 독립운동사의 큰 지도자 백범 김 구.

그는 젊은 시절, 조선시대의 신분제도 하에서는 공부로써 성공할 수 없다는 현실을 깨닫고 괴로운 나날을 보냈다. 더구나 그는 자신의 외모에 대한 콤플렉스가 있었기 때문에 매사에 자신감 또한 없었다. 이러한 그의 마음을 안타깝게 지켜본 아버지의 권유로 1892년, 나이 17살에 관상학을 공부하였다. 당시에는 사람들의 관상을 보아주고 생계를 유지하는 사람들이 많았다.

김구는 관상학을 공부하기 위해 3개월 동안 거울을 보며 자신의 모습을 관찰하였다. 하지만 그는 자신의 얼굴 어느 한 곳도 좋은 상을 지니지 못했음을 알았다. 그러나 관상학을 공부하며 읽던 서적 〈마의상서〉의 한 구절이 마음에 들어왔다. 그 내용은 다음과 같다.

「얼굴 좋은 것은 몸 좋은 것만 못하고, 몸 좋은 것은 마음 좋은 것만 못하다. 좋은 마음을 갖기 위해서는 언행을 항상 조심하고 얼굴에 부드러운 미소를 지니고 있어야 한다. 진실한 행동과 사리에 맞는 언어를 사용하는 습관이 몸에 배이면 좋은 상의 얼굴을 지닐 수 있다.」

이 내용으로 깊은 깨달음을 얻은 김구는 '언행일치'를 마음

깊이 간직하게 되었다.

그는 작은 일에도 생각이 따르지 않는 행동은 삼가였으며, 미소를 머금은 얼굴로 절제된 언어를 사용하였고, 말투에는 항상 상대방을 배려하는 온화함이 있었다. 그러한 생활방식이 습관이 되자, 차츰 그의 주위에는 따르는 사람들이 모이기 시작했다. 당시의 시대상황은 몰락한 양반의 후예인 최제우가 신분제도의 개혁을 주창하며 창시한 동학사상(東學思想)이 온 세상에 들풀처럼 퍼지던 시기였다. 동학은 '사람이 곧 하늘'이라는 '인내천(人乃天)' 사상으로 양반들로부터 소외받는 사람들의 반봉건적 투쟁운동이었다. 때문에 천민·농민은 물론 양반의 세도정치에 몸서리치던 일반백성들에게까지 광범위하게 전파되었다. 김구 또한 황해도 지역의 젊은 사람들로부터 동학사상의 지도자로서 따르는 젊은이들이 많았다.

그는 부드러운 언행과 마음 씀씀이로 황해도 일대에서 덕이 깊은 도인으로 뽑힐 정도로 신뢰를 쌓은 것이다. 그의 진솔한 행실과 품성이 많은 사람들의 마음속에 각인되었기 때문이다.

상대방을 설득하여 자신의 목적을 달성해야 하는 판매원, 회사의 홍보직원 등은 실수를 줄이고 말과 표정의 일치를 위하여 교육을 받는다. 그러한 교육과 훈련은 그들에겐 반드시 필요한 과정인 것이다. 특히, 이러한 의미에서 남을 전문적으로 속이는 사기꾼은 최고의 전문가라고 할 수 있다. 하지만 사기꾼이 아무리 재치 있는 말솜씨와 공손한 태도를 취한다 할지라도 본바탕인 비열함은 숨길 수가 없는 것이다. 상대방을 의식하며 억지로 웃음을 보이지만 자연스럽지 못하고 속마음을 숨길 수 없는 것이 겉으로 드러나는 얼굴표정이다.

미국의 16대 대통령에 선출된 에이브러햄 링컨은 대통령이 된 후, 내각 구성을 위한 비서관회의에서 국가요직의 자리에 필요한 사람들을 추천받았다. 링컨은 회의자리에서 인사비서관에게서 누군가의 이름을 듣자 "그 사람은 안 됩니다"하며 거절했다. 비서관이 이유를 묻자 링컨은 다음과 같이 말했다.

"사람은 자기의 얼굴에 책임을 져야 합니다. 하지만 그 사람의 얼굴에는 온통 불만과 의심으로 가득 차 있고 그의 얼굴에서 부드러운 표정을 한 번도 본 적이 없습니다. 그런 사람과는 그가 아무리 능력이 뛰어나다고 해도 함께 일하기는 힘든 사람이라고 생각합니다."

링컨의 말에 추천을 한 비서관이 말했다.

"하지만 각하, 사람이 자신의 얼굴까지 책임질 수는 없지 않습니까? 얼굴은 태어날 때부터 천성적으로 타고난 것이니 어쩔 수 없는 일 아닙니까?"

"그렇지 않습니다. 태어날 때에는 부모님이 만들어주신 얼굴이지만 그 후에는 자신이 만드는 것입니다. 특히 나이 마흔 살이 넘으면 얼굴에는 그 사람이 살아온 삶의 흔적이 고스란히 새겨집니다."

첫 인상은 한 번 뿐인 기회이다

첫 인상은 누군가와의 만남에서 느끼는 처음의 감정으로 그 위력은 실로 막강하다. 첫 만남에서 자신의 이미지를 어떻게 각인시키느냐에 따라서 대인관계에서 좋은 영향력을 주기 때문이다. 사람은 첫 인상의 느낌이 가슴에 남아있기 때문에 누군가와의 첫 만남에서의 느낌은, 세월이 흐른 후에라도 그를 다시 만나도 전에 무슨 이야기를 나누었는지 당시의 대화내용은 생각나지 않을지라도 첫 인상의 느낌을 기억한다. 이렇듯 상대방에게 좋은 첫 인상을 심어준다는 것은, 인간관계에서 자신을 지지하는 사람을 얻었다는 의미가 될 수 있는 것이다. 우호적인 인간관계의 형성이 어떻게 진행될 것인가의 열쇠가 바로 첫인상인 것이다. 특히, 회사에서 필요한 인재를 채용하는 면접시험에서 첫인상이 자신의 취업을 결정하는 가장 중요한 요소가 되기도 한다. 면접위원들은 회사에 입사하기를 원하는 사람들의 얼굴, 표정, 의상, 걸음걸이, 느낌 등을 종합해서 평가하게 된다. 그래서 면접관들에게 '이 사람은 우리 회사에 적합할 것 같다', '일을 잘할 것 같다'는 느낌을 주어야 자신이 일하고 싶은 회사의 취업에 성공할 수 있는 것이다. 면접시험에서는 자신의 개성도 중요하지만 더욱 중요한 것은, 자신을 바라보는 면접위원들의 관점이다. 즉, 자신이 고집하는 자기만의 개성이 일반적인 사회적 통념에서 벗어난 것이라면 자신이 바라는 취업에 성공하기는 어렵다. 그렇다면 자신의 생각의 관점을 바꾸어야 한다. 지금부터라도 '자존감'을 높이고 다른 사람에게 좋은 사람으로 인식될 수 있는 첫인상의 관리를 시작하자.

누구나 자기 스스로는 자신의 첫 인상에 대하여 잘 알고 있다. 그렇지만 자신의 첫 인상을 다른 사람들이 좋게 인식할 수 있는 노력은 하지 않는다. 그것은 자신을 자신의 뜻대로 합리화시키려는 잘못된 습성 때문이다.

"나의 개성이야"

"이것이 나다운 모습인데, 남의 눈을 의식할 필요가 뭐가 있어. 나는 나야."

　　하지만 상대에게 자신의 첫 인상을 좋게 각인시키지 못하는 것은, 첫 인상을 관리하지 못한 자신의 책임이다. 즉 타인에 대한 배려의 마음이 부족하기 때문에 비롯되는 것이다. 이러한 태도는 상대방에게 배려와 이해를 강요하는 자기 합리화일 뿐이며, 상대를 배려하는 마음이 깃든 행동이 아니다.

　　첫 인상은 노력하기에 따라 달라질 수 있다. 타인에게 안 좋은 인상을 남길 수도 있는 자신의 첫 인상을 방치하지 말고 긍정적인 언어의 사용과 태도 그리고 자신과 어울리는 자기만의 스타일에 관심을 갖자.

첫 인상의 법칙

　　미국의 심리학자 앨버트 메라비언은 누구와 첫 대면을 한 후, 상대의 첫 인상을 결정하는 요소를 연구하여 그 결과를 자신의 저서 〈침묵의 메시지 Silent Messages〉를 통해서 발표하였다.

이것이 '메라비언의 법칙(The Law of Mehrabian)'이다.

메라비언의 연구 결과를 살펴보면, 자신이 만난 다른 사람의 첫 인상을 결정하는 요소로 시각적 요소 55%, 청각적 요소 38%, 대화 내용 7%의 비율로 상대방의 첫 인상을 결정한다고 발표했다. 누군가를 처음 대면했을 때 순간적으로 느낀, 시각적인 요소가 상대방에 대한 첫 인상을 결정하는데 가장 크다는 것을 알 수 있다. 즉 사람은 누구와 처음 대면하는 순간, 외모에서 풍기는 이미지와 복장 등을 보고 순간적으로 상대에 대하여 나름대로 판단을 한다는 것이다. 이것은 본능적인 것으로써 처음으로 대면하는 첫 인상의 판단에 의해 자신이 취할 태도 또한 결정하는 것이다. 이렇게 한 번 마음속으로 굳힌 누군가에 대한 첫 인상은 좀처럼 바뀌지 않는다.

그렇다면 좋지 않은 첫 인상을 상대방에게 심어준다면, 좋은 인연이 되어 사랑하고 싶은 그 사람을, 남보다 뛰어난 능력이 있을지라도 꼭 입사하여 일하고 싶은 그 회사에서 자신의 능력을 발휘할 기회조차도 놓칠 수 있다는 말이 되는 것이다. 즉, 첫 인상이 좋아야 자기가 원하는 기회를 자기 것으로 만들 수 있음을 명심하라.

우리는 흔히 "내 눈은 못 속여.", "나는 보는 눈이 정확해."라며 상대방의 첫 인상에 대한 자신의 판단을 확신하지만, 이것은 자칫 자신에게 다가온 귀중한 인연과 기회를 놓치는 섣부른 행동이 될 수 있다는 것을 알아야 한다.

빙산의 일각이라는 말이 있다. 빙산은 표면적으로 나타난 부분이 전체의 10%에 불과하고 나머지 90%는 눈에 보이지 않는 물속에 잠겨있다. 누군가의 첫 인상 또한 눈에 보이는 일부분에 지나지 않는 것일 수 있다. 첫 느낌만으로 상대방을 대하는 태도를 결정한다면, 자신이 원하는 상대방의 매력 또는 진가의 90%를 제대로 느끼지도 못하고 인간관계가 끝날 수도 있는 것이다.

사람은 누군가를 대면한 후 '저 사람은 정말 좋은 사람일 것이다'라는 첫 인상에 대한 판단을 내리게 되면, 자신의 판단이 옳았다는 것을 증명하기 위해, 상대방의 어떤 행동에도 좋은 의미를 부여하려는 욕구가 있다

이렇듯 첫 만남에서 형성된 좋은 이미지는 만남이 지속되는 동안 긍정적인 역할을 한다. 그러나 반대로 나쁜 이미지가 첫

만남에서 형성되었다면, 이후에 새로운 모습을 보여준다 하더라도 이미 자신의 이미지를 좋게 보지 않은 상대방에게 자신의 이미지를 좋게 보이게 하기는 쉽지 않은 일이다. 왜냐하면 사람은 자신이 판단한 어떤 결정을 좀처럼 바꾸려고 하지 않는다. 그것은 자신의 판단이 잘못되었음을 인정하는 일이 되기 때문이다. 우리가 흔히 하는 말로 "미운 털이 박혔다"는 말이 있다. 한 번 박힌 미운털을 뽑아내기 위해서는 살점이 떨어져 나가는 고통을 감수해야할지도 모른다.

첫 인상의 오해는 바꿀 수 있다

첫인상은 관리하기에 따라 얼마든지 좋아질 수 있다. 첫인상으로 인간관계의 모든 것이 결정된다면, 세상에는 불공평한 일들이 많이 일어날 것이다. 하지만 다행히 첫 인상은 바뀔 수 있다.

첫 인상은 '최신 효과'와 '빈발 효과'로 개선될 수 있다. 최신 효과는 첫 만남에서 좋지 않은 인상을 남겼을지라도 만남이 지속되는 과정에서 상대방에게 남긴 인상이나 정보로 이미지가 바뀌거나 인식될 수 있다는 것이다.

'내가 생각하던 그런 사람이 아니었구나, 다시 봤는데.'

빈발 효과는 지속적으로 진솔한 모습을 보이면 좋게 보지 않았던 첫인상이 바뀔 수 있다는 것을 의미한다. 진심은 언젠가는 이해되기 마련이다. 그러기 위해서는 자신을 어필할 수 있는 매력과 다른 사람을 배려하는 행동을 꾸준히 외부로 나타내야 한다. 그래야 좀 더 빨리 자신의 진가를 발휘할 기회를 얻을 수 있는 것이다.

다른 사람과의 만남에 상대방의 취향에 맞추어 화장 방법을 달리한다거나 복장을 갖추는 것은 기본적으로 상대방에 대한 배려의 마음이 있기 때문이다. 상대방에 대한 배려는 결국 자신에 대한 좋은 평가로 이어진다는 것을 기억하자.

사람은 사회적 동물이기 때문에 필연적으로 연속성의 인간관계 속에서 살아가는 존재다. 그렇다면 이왕이면 다홍치마, 보기 좋은 떡이 먹기도 좋다는 말이 있듯이 다른 사람에게 자신을 좋게 인식하게 할 수 있는 모습으로 자신을 가꾸는 노력이 필요하다. 인테리어가 깔끔한 식당에서 청결한 조리사 복장을 갖춘 요리사가 조리한 맛깔스러운 음식을 보고 맛이 없을 것이라는 생각을 하는 사람은 없을 것이다.

스스로 판단하여 자신의 모습이 보편적인 사회적 인식에서 벗어나 있다고 생각한다면 의식적으로라도 변화를 주기 위해 노력하자.

"다른 사람의 인식은 중요하지 않아, 나는 나야."라며, 다른 사람의 마음을 불편하게 하는 자신의 모습을 방치하지 말자. 세상은 혼자 살아가는 공간이 아니라 함께 살아가는 공동체인 곳이다.

개성을 계발하라

유대인의 삶의 처세서인 〈탈무드〉에는 다음과 같은 말이
있다.

"형제의 개성을 비교하면 자신의 자식 모두를 살리지만, 머
리의 우수성만을 비교하면 자식 모두를 죽이는 결과를 가져온다."

유대인 부모들은 자신의 자식을 남과 다르게 교육시키는
것이 부모의 역할이라고 생각한다. 유대인 부모의 자녀교육에
대한 관점은 자녀의 개성을 파악하는 것에 있다. 그러나 우리나
라 부모들은 남의 자식들보다 조금이라도 더 높은 학습 성적을
올리기 위해서 자녀에게 일방적인 좁은 길을 요구한다. 자녀들

은 자신의 인생을 스스로 생각할 여유도 갖지 못하고 부모의 생각과 기준에 따라 정신없이 바쁜 시간을 보내고 있다. 자기 인생의 당사자인 자녀의 생각을 부모는 생각조차 하지 않는 것이다.

우리나라 자녀교육의 모습은 냉정하고 차분한 마음으로 감독역할을 해야 하는 부모들의 경쟁이 더욱 치열하다. 그래서 부모들의 탐욕에 내몰린 그 좁은 길에는, 개성을 잃고 좁은 문을 비집고 들어가기 위해 아우성치는 아이들로 가득하다. 한정된 수의 아이들만이 들어갈 수밖에 없는 사회구조임을 부모 스스로가 너무나도 잘 알면서도 부모의 탐욕에 내몰린 아이들은 자신의 소질이 무엇인지 생각할 시간도 없이, 다른 길을 모색할 겨를도 없이 행복하지 않은 경쟁을 하고 또한 냉혹한 경쟁에서 탈락할 수밖에 없는 수많은 아이들이 자신의 인생을 지킬 보호막도 제대로 갖추지 못한 채, 냉혹한 사회로 떠밀려 나가고 있는 것이다.

이와 같은 사회적인 현상이 발생하는 원인은, 자식을 위한다는 잘못된 생각을 인식하지 못하고 있는 부모의 책임이 크다고 할 수 있다. 다시 말해, 자식을 위한다는 그 사랑이라는 마음의 실체가, 실제로는 자녀를 행복하지 않은 길로 내몰고 있는 것이다.

우리나라 부모들의 자녀교육에 대한 잘못된 인식은, 부모가 자녀교육의 최초의 스승이며 최상의 교육자라는 부모의 의무를 다하지 못하고 있는 것이다. 우리나라 부모들은 학교, 특히 사교육에 부모의 책임을 떠넘기고 있으며, 그것은 부모로서의 의무를 회피하고 있다는 것을 깨달아야 한다.

그 결과가 지금 사회적인 현상으로 나타나고 있다. 진리와 학문을 탐구해야할 대학의 역할이, 일류 기업이나 돈을 많이 버는 직업에 많이 진출시키는 학교가 좋은 대학으로 인식되고 있으며, 학원가에는 대기업과 공무원을 채용하는 시험을 보기 위해 재수, 삼수를 하며 다시, 하기 싫은 공부를 하고, 무엇을 바라고 서있는 줄도 모르면서 좁은 문을 향한 줄의 대열이 길어지고 있는 것이다. 결국 부모가 자녀의 행복을 바라며 추구했던 목표가 돈이었던 것이다. 따라서 스스로 자신의 개성을 계발하지 못한 일률적인 교육의 결과는 불의에 항거하지도 못하는 패기 없는 청춘들을 양산해 냈으며, 부모가 목표한 바대로 스스로 감당할 수 없을 정도의 돈을 벌어들일지라도 그 돈의 무게를 감당하지 못하고, 공부 때문에 경험해 보지 않은 향락에 빠져들어서 사회적으로 물의를 일으키는 부끄러운 일들이 매스컴을 장식하고 있다. 그보다 더욱 더 큰 사회적인 문제는, 많은 젊은이들이 부모세대보다 빈곤한 미래가 불투명한 희망이 없는 삶을 살아갈

위기의 세대를 만들었다는 것이다.

성경에 다음과 같은 내용이 있다.

'마땅히 행할 길을 아이에게 가르치라. 그러면 늙을지라도 그것을 떠나지 아니하리라.' (잠언 22:6)

—————— **현대는 개성이 존중되는 융합의 시대** ——————

사람은 누구나 자신만의 특성이 있다. 우리의 일상을 곰곰이 살펴보면, 매 순간 자신의 주위에서 벌어지고 있는 일들이 자신만의 일이라기보다는 누군가와의 인간관계속에서 문제가 발생하며 또 진행되고 있음을 알 수 있다. 사람은 홀로 생존할 수 없는 존재이기 때문이다. 가정에서는 가족 간의 관계가 있고, 학교에서는 친구들과 선생님과의 관계가 있다. 그 외에도 사람의 삶은 다양하게 이해관계가 설정되어 있으며 또한 그들과 인간관계를 맺으며 살아갈 수밖에 없다. 이토록 복잡한 인간관계 속에서 서로의 차이점을 좁히지 못하고 의견충돌 또한 빈번하게 일어나고 있는 것은 상대방의 특성, 즉 개성을 이해하지 못함으로써 비롯되는 경우가 많다.

〈혁신의 코드〉의 공동저자인 미시간대학 로스경영대학원 디그라프 교수는 다음과 같이 말했다.

"조직생활에서 중요한 일 중의 하나는 조직원들 간의 협업이다. 보편적으로 협업은 조직원들의 성향을 분석하여 의견이 잘 맞는 사람들로 팀을 구성하여 일을 진행할 때 상대적으로 좋은 결과가 나올 것이라고 생각한다. 일부분 맞는 말이다. 그러한 조합은 단순노동일 경우에는 좋은 성과를 이룰 가능성이 매우 높다. 그러나 세상이 깜짝 놀랄만한 혁신은 각자의 의견이 잘 맞지 않는 것처럼 보이지만, 조직원 각각의 개성과 특성이 조화로운 조합을 이루었을 때 높은 성과를 내는 경우가 많다. 그것은 조직원 각자의 특성들이 충돌을 일으켜 전혀 새로운 결과물을 내놓기 때문이다. 능력 있는 리더는 조직원들의 특성을 냉철하게 분석하여 그들의 능력을 최대한 발휘하게 한다."

산업혁명이 시작되기 전, 인간의 삶에 필요한 모든 생산은 인간의 손과 발에 의존한 노동의 형태로 이루어졌다. 노동력에 의지하던 시대를 지나서, 1784년 증기기관의 발명으로 영국에서 시작된 1차 산업혁명의 시대를 맞이함으로써 급속하게 인류의 변화가 시작되었다. 1870년대 전기를 이용한 본격적인 대량생산의 2차 산업혁명, 1960년대 후반 인터넷이 주도한 자동화 생산의 3차 산업혁명이 지난 후, 생산의 주체가 다시 인간에게로 돌아왔다. 지식과 지식의 복합적인 융합시대인 4차 산업혁명의 시대가 인간에게 밀려온 것이다.

인간의 손과 발 ↔ 증기기관 ↔ 전기 ↔ 인터넷 ↔ 인간의 머리, 개성의 복합융합.

각 개인의 특성과 개성이 복합적으로 융합하여 새로움을 창조하는 창의력의 시대를 맞이하기 위해서는 인간과 인간의 자유로운 소통이 필요하다. 각 개인의 개성과 특성을 서로 존중해야 하는 그야말로 배려의 대화가 절실한 시대가 온 것이다.

타협과 조정

인간관계에서는 끊임없는 타협과 조정이 필요하다. 서로의 다른 개성이 팽팽하게 줄다리기를 하는 상황이 끊임없이 반복되고 대립하다보면 반드시 갈등이 생기고, 갈등을 해결하지 못하면 다툼이 발생한다. 사소한 다툼이 확대되어 서로에게 상처를 주게 되고 그것을 가슴에 담아두고 상종도 하지 않는 원수지간이 되기도 한다.

인간은 홀로 완벽하지 않은 존재이다. 그러함에도 사람은 자신이 완벽한 존재인 양, 다른 사람을 비난하고 헐뜯는다. 이러한 태도는 자기스스로 부정적인 감정을 갖게 되는 원인이 되고 그래서 협의에 의해 창출되는 창의적인 힘을 발휘하지 못하게 한다. 이러한 현실적인 곤란은 상대방의 개성을 존중하지 못하고 일방적인 자기주장이나 상대방의 사과만을 요구하는 형태로 분쟁이 발생하기 때문에 나타나는 현상이다.

서로 자기의 주장만을 강조하다보면 해결의 실마리는 보이지 않게 된다. 사람은 상대방과 갈등이 생기면 감정이 격해지기 때문에 더욱 자신의 입장만 고수하려고 하는 본능이 있다. 이러한 인간관계를 미연에 방지하는 가장 좋은 방법이 배려의 대화다.

인간은 본능적으로 자신보다 약한 존재에게 마음을 쉽게 여는 존재다. 그래서 상호간에 먼저 잘못을 인정하는 용기와 상대방의 개성을 인정하는 태도가 긍정적인 인간관계를 위해서 필요하다.

신뢰는 상대방의 개성을 인정할 때 생기는 것이다. 상대방의 개성을 존중해야 마음을 열고 대화를 하게 된다. 그럼으로써 서로의 특성이 어우러져 창조적인 힘이 발휘되는 것이다. 그러므로 누군가의 단점을 지적하기에 앞서 그의 개성을 인정하는 배려의 마음이 우선되어야 한다. 이렇듯 갈등을 푸는 해결의 열쇠는 타인의 개성을 이해하는 배려의 마음에 있다.

지금 당장, 자신의 주위에 있는 사람들의 개성을 이해하는 마음을 실천해 보자. 이 방법을 완벽하게 실천할 수 있다면 다른 사람의 신뢰를 얻음으로써 자신이 원하는 바를 이루는 일이 그다지 힘든 것만은 아니라는 것을 깨닫게 될 것이다.

개성에는 삶의 모습이 담겨있다

많은 고객들과 자주 대화를 나누는 세일즈맨은 대화상대의 말하는 모습과 말투에서 그 사람의 개성을 파악할 수 있다고 한다. 습관이 된 그 사람의 언행에는 그 사람의 대인관계에서부터 성격, 환경 등 삶의 모습이 담겨 있기 때문이다. 이처럼 몸에 배인 습관은 좀처럼 바뀌지 않고 그 사람만의 특성을 만든다.

대화자리에서 상대방의 뜻을 존중하고 배려하는 습관이 몸에 배인 사람들을 관찰해 보면, 상대방의 개성을 존중하는 마음이 습관이 되어있다는 것을 알 수 있다. 이처럼 대화상대의 개성을 파악할 수 있다면, 대화주제와 행동을 상대방의 기준에 맞출 수 있기 때문에 갈등이 발생하는 일이 현저하게 줄어들 수 있다. 하지만 상대방의 개성을 존중하라는 것이 무조건 상대방의 의견에 동의하거나 옳다고 말하라는 것이 아니다. 그 사람의 의견을 인격적으로 존중하라는 것이다. 상대방의 입장, 그 사람이 옳다고 믿고 있는 사실을 충분히 그럴 수 있다고 인정하고 배려해 주는 마음을 갖추는 것이다. 그러한 마음가짐을 갖기 위해서는 자신의 의견과 주장이 관철되지 않을 수도 있다는 현실을 스스로 감내할 수 있는 마음 또한 필요하다.

마음크기가 큰 사람, 즉 그릇이 큰 사람은 눈앞의 이익을 탐내지 않으며 사물의 본질을 꿰뚫어 보는 능력이 있는 사람이기에, 더욱 큰 그림을 볼 수 있는 혜안(慧眼)을 지니고 있는 사람이다.

/ 7장 / **만남과 소통**

인생은 만남의 연속이다

사람의 일생은 만남의 연속이다. 세상에 태어나면서 처음 만나는 사람은 어머니다. 어머니는 사람의 일생 중 가장 큰 영향을 주는 사람이다. 어머니와의 만남에서, 자신이 할 일은 없다. 어머니와의 만남은 책임은 없고 권리만 있을 뿐이다. 그저 가끔씩 울까, 말까만 결정하면 된다. 굳이 효도를 하고 싶다면 가끔씩 웃어주면 된다. 그것만으로도 어머니는 감지덕지다.

신은 인간뿐만이 아니라 모든 생명체에게 태어남과 동시에 첫 만남으로 배려의 완전함을 보여주는 어머니를 만나게 했다. 성경에는 '신은 모든 곳에 존재할 수 없기에 어머니를 보냈다'고 한다. 대부분의 사람이 두 번째로 보는 사람이 아버지다.

그 두 사람이 자신을 세상에 태어나게 한 존재, 부모다. 부모님의 사랑에 의해 우리는 비로소 세상과 만났다. 모든 사람은 이렇듯 사랑의 결실인 동시에 기쁨을 주는 존재로 태어났다. 영유아기의 시기는 사람의 일생을 통해 가장 세력이 강력한 시기다. 모든 것을 다른 사람이 모두 알아서 해준다. 자기의 책임은 없다. 그저 본능적으로 자신이 편리한대로 살면 된다. 아무리 좁은 대중교통 안에서라도 목청껏 큰소리로 울어도 된다. 소리가 클수록 사람들은 모두 쩔쩔맨다. 사람 많은 곳에서 똥을 싸도 되고 정말 급할 때는 오줌을 다른 사람의 얼굴에 내지를 수도 있다. 그것은 오로지 얼굴을 내민 사람의 잘못이다. 자기 마음대로 행동해도 누구나 찍 소리 못하는 최고의 시기였지만 조물주는 그 때의 기억을 인간의 뇌 속에 심어놓지 않았다. 그때의 기억이 남아 있다면 그리고 그런 행동을 계속 한다면 인간으로서 온전히 삶을 살아갈 수 없다. 일방적으로 다른 사람의 배려를 받는 그런 삶은 있을 수 없기 때문이다. 기억할 수 있는 그 순간부터 인간관계에서의 모든 행동에는 책임이 따른다. 인간관계에는 사회적인 규범과 규칙이 있다. 그것을 스스로 습득하고 적응해야 세상을 올바르게 살아갈 수 있는 것이다. 다른 사람과의 만남은 자신의 인생의 성패를 결정하는 중요한 요소가 되지만, 그 모든 만남의 책임은 자신에게 있다.

선남선녀의 소개팅

우리는 누군가의 주선으로 새로운 사람과 만남의 자리를 갖는다. 즉 소개팅의 자리다. 소개팅 자리는 누구나 어색하고 긴장되는 자리일 것이다. 하지만 그 어색함과 긴장됨이 길게 이어질수록 소개팅의 성공확률은 낮아진다. 우선 서로 인사를 나눈 후 처음 만난 만남의 장소의 분위기, 장소에 대한 만족도를 상대방에게 물어보는 것은 상대에 대한 배려있는 질문으로 좋은 방법이다. 때론 상대방이 장소를 옮기는 것이 좋겠다는 의견을 제시할 수도 있다. 소개팅상대의 이러한 반응은 좋은 징조다. 자리를 옮겨서라도 좋은 시간을 갖고 싶다는 대답일 확률이 높기 때문이다. 어쨌거나 처음 대면하는 어색한 분위기를 풀기 위해서는 일상적이고 소소한 대화를 통해 서로의 긴장감을 해소하며 대화의 분위기를 만든 후 상대에 대한 느낌 등을 말하는 단계로 발전한다. 어느 정도 서로 신뢰관계가 형성되었을 때 서로의 취미나 성향 등을 물으며 공감할 수 있는 대화의 공간을 찾아서 차츰 본론으로 들어간다면 훨씬 더 자연스러운 분위기를 유지할 수 있다. 순조롭게 대화를 풀어나가기 위해서 좋은 방법으로 스몰토크(Small talk)가 있다. 스몰토크는 일상적인 소소한 이야기다. 대화가 경직되었다는 느낌을 받을 경우, 대화자리를 부드럽게 하고 어색한 분위기를 자연스럽게 바꾸는 마중물 역할을 한다. 스몰토크는 그 날의 날씨 상황이나 주변의 분위기를 파악하여 만남 직후 인사말과 함께 건넨다면 일단 대화를 부드럽게 시작할 수 있다.

사랑하는 연인들의 속삭임을 생각해 보라. 그들의 말을 옆에서 듣는다면, 정말 유치하다는 생각이 들 정도로 시시콜콜한 이야기지만 사랑하는 그들의 입장에서는 정말 재미있고 서로를 향한 이끌림의 소재들인 것이다.

누군가에게 "할 이야기가 있으니 만나자."고 하면 '저 사람이 무슨 일 때문에 나를 보자고 하지.' 하며 불안감을 줄 수가 있지만 "날씨가 정말 좋아, 밖으로 나와서 우리 함께 걷자. 너한테 할 이야기도 있고." 하면 날씨가 너무 좋다는 말에 상대방이 할 이야기는 최소한 긴장하지 않아도 되는 이야기일 것이라는 안도감을 주기 때문에 부담 없이 만남에 응할 수 있게 된다. 이렇듯 소소한 화제가 이야기의 중간에 삽입된다면 심리적인 안정감을 줄 수 있는 것이다.

스몰토크의 유용함

대화자리뿐 아니라 회사 내에서 또는 엘리베이터 안에서 우연히 직장상사를 만나거나 안면은 있으나 친하지 않은 사람 혹은 친해지고 싶은 사람과 마주치는 상황이 있다. 좁은 공간 안에서 침묵과 어색함이 흐르는 시간을 스몰토크에 관심에 갖고 자연스럽게 적응하는 언어습관을 가진다면 사회생활 중에 맞이할 수 있는 긴장된 상황을 슬기롭게 넘길 수 있다.

스몰토크는 미국식 언어문화라고 할 수 있다. 우리나라 사람에게는 유교문화의 관습이 있기 때문에 농담·잡담·수다 등을 부정적인 의미로 받아들이는 경향이 있다. 그래서 성인들이 청소년들의 언어문화를 이해하려는 생각보다는 일단 배척하는 시각으로 바라보는 면도 있다. 하지만 그것은 청소년들의 언어문화를 안타깝게 지켜보는 기성세대의 걱정스런 마음이기도 하다. 그렇다면 스몰토크는 정말 안 좋은 것일까?

절대 그렇지 않다. 현대사회는 스몰토크의 필요성이 점차 커지고 있다. 스몰토크는 모든 사물이 관심의 소재인 것이다. 세상을 순수한 마음으로 바라보는 어린아이들은 사소한 것까지 질문을 한다.

"이것은 뭐야?, 저것은 뭐야?"

"이것은 왜 이래?, 저것은 왜 저래?"

아이들의 질문은 끝이 없다. 모든 사물을 소홀히 지나치지 않고 바라보기 때문이다. 그렇지만 그 시기가 지나고 나면, 우리는 그 누구에게도 자신의 의문점을 묻지 않으려는 경향이 있다. 심지어는 물음이 귀찮다는 듯이 질문하는 사람을 피하기도 한다. 질문과 답변이 순조롭게 이루어지지 않는 사회분위기는 침체될 수밖에 없다. 소통이 단절되기 때문이다.

뉴스 등을 통해, 외국의 정치가·연예인·스포츠 스타 등의 기자회견을 보면 익살스러운 표정으로 농담이나 조크를 던지는 경우를 볼 수 있다. 그것이 스몰토크다. 스몰토크를 적절히 사용할 수 있는 화술은 결코 쉬운 일이 아니다. 그것은 지식과 여유가 어우러져야 나올 수 있는 능력이다.

멋진 자기소개를 준비하라

사람은 삶속에서 지속적으로 만남을 이어간다. 다른 사람과의 만남으로 인하여 자신의 삶을 발전시키는 계기가 되기도 하고 혹은 잘못된 만남으로 인해서 인생이 곤경에 처하기도 한다. 이렇듯 누군가와의 만남은 기회인 동시에 위기의 순간이기도 하다.

만남의 자리를 좀 더 긍정적으로 맞이하기 위해서 품위 있고 개성 있는 자기소개 한 두 개 정도는 평소 준비해두면 언제, 어떤 만남의 자리에서라도 긴장감을 기대감으로 바뀌게 할 수 있다. 또한 상대방에게 멋지게 자기소개를 함으로써 자신에 대한 호감을 높일 수 있는 절호의 기회가 될 수 있는 것이다.

사회생활을 하다보면 어느 날 갑자기 자기소개를 해야 하는 상황이 생길 수가 있다. 그럴 때, 평소 준비한 자기소개를 당당하게 한다면 누군가의 마음에 당신이 멋진 사람으로 인식될 수 있는 기회의 자리가 될 수 있겠지만, 자신이 누구인지를 제대로 밝히지 않고 겉도는 대화를 한다면 상대방은 나에 대하여 신뢰하는 마음을 갖지 못할 것이다.

공감능력을 키워라

누군가와의 만남에서 좋은 결과를 만들 수 있는 가장 좋은 방법이 공감능력이다. 공감(共感)의 뜻을 사전에서 찾아보면, 남의 주장이나 감정, 생각 등에 동감하여 자신의 뜻도 그러하다고 느끼는 감정이다. 간혹 자신과 다른 생각을 갖고 있는 사람에 대하여 지나친 경계심을 갖는 사람을 볼 수 있다. 세상의 현상과 사물을 대할 때, 자신의 기준으로 바라보고 평가하는 것을 편견이라고 하는데 한자로는 치우칠 편 (偏), 볼 견(見), 즉 치우친 관점으로 사물을 판단한다는 뜻이다. 예를 들어, 우리는 신체가 큰 사람을 보고 음식을 많이 먹을 것이라고 생각하거나 왜소한 체격의 사람을 보고 성격이 까다로울 것이라는 단정을 하곤 한다. 이와 같이 편견을 갖고 사람이나 사물을 대하게 되면 올바른 판단을 하지 못하고 섣부른 생각으로 상대에게 결례를 하거나 실수를 할 수 있다. 이러한 습관화된 편협적인 생각을 바꾸기 위해서는 공감하는 능력을 키워야 한다. 다른 사람의 이야기에 공감하는 능력이 부족한 이유는, 세상일에 대한 다양한 경험이 없기에 이기적인 생각의 틀에서 벗어나지 못하기 때문이다. 따라서 공감능력을 키우기 위해서는 독서, 여행 등 다양한 직, 간접적인 경험이 필요하다.

공감의 마음은 사람의 본능이다

사람은 그때그때의 상황과 분위기에 따라 감정이 변화한다. 슬픈 영화를 보면 슬퍼지고, 즐거운 코미디 영화를 보면 즐거워진다. 그리고 사랑하는 사람이 아프면 자신이 아픈 것처럼 마음이 아프다. 이러한 현상을 '거울 뉴런' 작용이라고 하는데, 1996년 이탈리아 파르마 대학의 신경심리학자 자코모 리촐라티(Giacomo Rizzolatti) 교수의 연구팀이 명명한 용어다.

리촐라티 교수는 사람은 선천적으로 거울 뉴런을 가지고 태어나며, 거울 뉴런 체계가 미성숙할 경우 자폐와 같은 발달장애가 나타날 수 있다고 하였다.

사람은 본능적으로 위험에 처한 다른 사람을 위기에서 구해내기 위해 자신의 안위를 생각할 겨를도 없이 위험 속으로 뛰어들기도 하고, 다른 사람의 불행을 마치 자신의 일처럼 안타까운 마음을 갖기도 한다.

대한민국의 국민이라면 2014년 4월 16일. 엄청난 사건을 마주하고서 어찌할 바를 몰라 발을 동동 구르며 안타까워했던 경험을 아픔으로 마음속에 간직하고 있다. 그날, 대한민국사람 모두는 세월호의 배 안에 갇힌 학생들의 부모였으며, 가족이었고, 이웃이었으며, 친구였다. 그것은 사람이라면 자연스럽게 느끼는 공감하는 마음이다.

소통은 인간의 기본 욕구다

소통의 의미를 사전에서 찾아보면, '막힘없이 뜻이 잘 통함'
이다. 영어로는 커뮤니케이션 communication, '참여하다, 공유
하다'는 뜻의 라틴어 communicare에서 유래되었다.

소통은 말 또는 행동을 통해 상대방에게 자신의 생각이나
감정 등의 정보를 전달하고 다른 사람의 말이나 행동을 이해하
는 것을 말한다.

사람은 자신의 이야기에 상대방이 공감해 주기를 원하며,
자신이 대화자리의 중심이 되어 대화자리를 주도하며 말하는 것
을 좋아한다. 이러한 사람의 본성이 있기 때문에 자신의 이야기
를 하고 싶은 본능을 억제하고 다른 사람의 이야기를 잘 듣는 경

청이 어렵다는 것이다.

경청은 최대한 자신을 내세우지 않고 상대방의 말에 집중하며 잘 알아듣지 못했거나 궁금증이 있다면 적절한 질문도 하는 적극적인 자세를 의미한다. 이러한 경청의 자세를 습관화하고 자신의 대화의 룰에 적용한다면 인간관계에서도 탁월한 발전이 있을 것이다.

사자성어에 이청득심(以聽得心)이라는 말이 있다. 풀이해 보면, '귀를 기울이면 마음을 얻을 수 있다'는 뜻이다. 우리는 남의 말은 잘 들으려고 하지 않고 자신의 주장만을 고집함으로써 인간관계의 단절이 발생하고 대화자리를 혼란하게 만드는 상황을 자주 목격할 수 있다. 이것은 서로 원활한 소통이 이루어지지 않기 때문에 생기는 현상이다. 진정한 소통은 자신의 주장을 내세우기에 앞서 잘 들어주어야 한다는 것이 우선되어야 한다. 그럼으로써 상대를 이해할 수 있고, 자신이 목적한 바를 잘 전달함으로써 원활한 소통이 이루어질 수 있는 것이다. 성공한 사람들은 다른 사람의 말을 존중하고 마음을 기울여 들어준다는 공통점이 있다.

우리는 경청(傾聽)을 귀를 기울여 잘 듣는 것으로 생각하지만, 진정한 경청은 공경(恭敬)하는 마음으로 듣는다는 경청(敬聽)

의 뜻도 포함되어 있다.

원활한 소통은 생산성을 높인다

2008년 카네기멜론 대학교와 MIT 대학교 심리학과 교수들이 합동으로 생산성 측면에서 팀워크에 미치는 팀의 토론 과정을 연구하는 실험을 했다.

연구팀은 총 152개 팀 700여 명의 대상자를 모집하여 각 팀에 다양한 수준의 협력이 필요한 여러 과제를 제시하였다. 실험 결과, 과제 유형이 매우 다양했음에도 하나의 과제를 잘 해결해내는 팀이 다른 과제도 무난히 해결해 낸다는 연구결과를 발표하였다. 반면, 하나의 과제를 실패한 팀은 다른 과제 또한 실패하는 확률이 높게 나타났다. 그렇다면 성공할 확률이 높은 팀과 낮은 팀은 어떤 차이가 있는 것일까?

두 가지 면에서 뚜렷한 차이가 있음을 알 수 있었다. 우선 뚜렷한 차이를 보이는 것은 팀의 소통문화였다. 주어진 과제를 무난하게 성공하는 팀은, 팀원들 모두가 거의 같은 비중의 비율로 대화와 토론을 했으며 각자의 의견이 고르게 반영되었다. 하지만 주어진 과제를 잘 해결해 내지 못하는 팀은 팀원 중 한 두 사람이 발언을 독점하고 있다는 것이었다. 또 다른 차이점을 보이는 것은 팀원들의 감수성이었다. 주어진 과제에 대해서 성공하는 확률이 높은 팀의 팀원들은 서로의 얼굴표정·말투·목소리·몸짓 등을 보고 팀원의 감정을 직관적으로 잘 이해한다는 것이었다.

감수성에 관한 실험은 각 팀의 팀원들을 상대로 얼굴의 표정만 보여주고 감정을 맞추는 테스트를 통해 측정했다. 예를 들어, 팀원 중 어느 사람이 말을 하지 않아도 팀원들은 느낌으로 그의 감정을 공감하여 알게 되고 그것에 적절히 팀원들이 서로를 배려하며 반응하게 됨으로써 팀 분위기가 가라앉지 않게 된다는 것이다. 즉 팀원 간의 공감능력이 높은 성과를 올린다는 것을 연구결과 알 수 있었다.

두 대학의 합동 연구팀은, 연구 성과를 다음과 같이 발표했다.

"생산성을 올리려면 팀원 간에 서로를 배려하는 원활한 소통이 가장 중요한 요소다. 조직에서 소통이 원활하게 이루어지고 있다면 팀원 간의 갈등이 줄어들고, 불필요한 시간의 낭비를 줄일 수 있으며, 조직이 목표로 하는 성과를 이룰 가능성이 높다."

사회생활을 하다보면 종종 듣게 되는 말이 있다.

"저 사람하고는 말이 안 통해"

이 말의 뜻은 한 마디로 소통이 원활하지 않다는 말이다.

말이 안 통하는 '저 사람'이 회사의 상사라면 큰 성장을 이룰 확률이 크게 떨어질 것이고, 부하직원이라면 좋은 성과를 기대하기는 힘들 것이다.

조직생활의 소통

한 시사지의 발표에 따르면 직장인들이 회사생활을 하며 힘들어하는 가장 큰 이유로 '상사 또는 동료와의 갈등' 을 뽑았다. 연봉이나 일의 만족도 등의 조건에는 만족할지라도 상사나 동료와의 소통이 원활하지 않고 갈등이 있다면 주어진 임무수행을 제대로 이행할 수 없다는 것이다. 기업의 입장 또한 직원을 해고하는 가장 큰 이유로, 능력부족이 아니라 대인관계와 소통 능력의 부족 때문이라고 한다. 이처럼 사회생활을 함에 있어서 소통능력은 매우 중요하다. 조직생활에서 원활한 소통을 위해서는 다음과 같은 소통의 원칙이 필요하다.

• 감정이 담긴 말투를 사용하지 말아야 한다.

상대방의 말에 안 좋은 감정이 실려 있다는 것이 느껴진다면 일에 대해서 지적을 하거나 충고를 하여도 개인적인 분풀이라는 마음으로 듣기 때문에 무슨 말을 해도 제대로 들리지 않게 된다.

• 상대를 배려하고 존중하고 있음을 각인시키고 대화를 시작해야 한다.

서로의 의견이 다를지라도 상대방의 주장을 존중해야 하며, 자신의 의견을 설득하기 위해서는 정당한 논리로써 토론해야 한다. 또한 상대방의 의견을 폄하(貶下)해선 안 된다.

• 겸허해야 한다.

자신 역시 완벽하지 않은 사람임을 인식하여 실수할 수 있다는 것을 잊지 말아야 하며 업무와 상관없는 일로 누군가를 지적하는 일이 없어야 한다.

• 자신이 먼저 사과하라.

상대방이 먼저 사과하기를 기다린다는 것은, 진정으로 화해를 할 마음이 있기보다는 자신의 주장이 아직도 옳다는 점에 더 많이 신경을 쓰고 있거나 아니면 용기가 없다는 것을 나타내는 것이다.

• 누가 옳은지 보다 무엇이 옳은지에 대한 관점에서 대화를 해야 한다.

무슨 일이 왜 일어났는지를 생각할 때, 그 상황에서 자신의 잘못은 없었는지를 우선 파악해야 한다.

• 상대방 역시 관계 회복을 위해 힘쓰고 있다는 사실을 기억하라.

의견 충돌이 일어나는 근본 원인 중에는 상대방이 자신의 입장을 고려하지 않고 있다는 생각이 들면 섭섭한 마음에 상처를 받은 경우가 있다. 그것은 상대 또한 같은 마음일 것이다. 상대방의 입장을 이해하려고 노력한다면 상대방 또한 화해의 마음을 숨기지 않을 것이다.

소통은 유일한 생명 끈이다

치열한 전투가 벌어지는 전쟁터에서도 가장 중요한 임무를 맡는 병사가 있는데, 그 병사가 바로 통신병이다. 통신병의 위치는 지휘관의 명령을 각 예하부대에 신속하게 전달할 수 있는 지휘관 바로 옆이다. 그 이유는, 예하 부대와의 즉각적인 소통이 전투에서 승리를 하기 위해서 절대적으로 필요하기 때문이다. 전투 중에 통신병이 전사하거나 통신이 두절된 상황이 된다면 상급부대의 지휘와 정보를 전달받을 수 없는 부대는 적의 동향 등을 알 수 없기 때문에 고립무원의 상태에 처할 수 있다. 옛날, 칼과 창으로 전쟁을 했던 시대에도 백기를 등에 매달고 소식을 전달하는 전령이 있었는데 적군이라고 할지라도 전령은 공격하지 않는다는 무언의 약속이 있었다. 전쟁 중이라도 소통의 창은 항시 열어두었던 것이다.

대화를 점검하라

사람의 인생길에 있어서 속도보다 중요한 것은 방향이다. 사람은 방향이 잘못되었다고 생각하면 당황하며 더욱 급해지는 경향이 있다. 산에서 길을 잃었을 때, 침착하고 냉정하게 상황을 파악하는 행동을 하지 못하고 흥분된 마음에 허둥거리기 때문에 더욱 깊은 산속으로 들어가는 것이다. 아무리 막막한 사막에서도 별을 보며 길을 찾아내는 지혜가 있는 인간이, 정신적인 얼을 잃기 때문에 지혜를 망각하는 것이다. 이렇듯 마음이 초조하고 안정되어 있지 않으면 올바른 생각을 못하게 된다.

'일등만을 기억하는 더러운 세상'이라는 말이 한 때 유행했다. 이러한 사회적인 분위기가 사람의 마음을 급하게 서두르도록 만들고 초조하게 하는 것이다. 모든 사람이 일등이 될 수도 없고, 모두 성공할 수 없는 것이다. 무리한 일등보다 질서와 규칙을 지킨 완주가 더욱 중요한 것이라는 것을 깨닫는 지혜가 필요하다. 때로는 급한 발걸음을 잠시 멈추고 자신의 현재 처한 상황과 위치를 점검하는 성찰의 시간이 필요한 이유다.

그것은 대화자리에서도 필요하다. 대화를 하다보면 대화의 방향이 의도와는 다르게 엉뚱한 방향으로 흐르는 경우가 있다. 그것은 상대방의 이야기를 제대로 이해하지 못해서 생기기도 하고 대화자리에 맞지 않는 이야기가 어느 순간 비집고 들어와 혼란을 주기 때문이다. 그래서 수시로 대화의 방향을 점검하여 다시 제자리를 찾는 대화기술이 필요한 것이다.

상대의 자존심을 존중하라

인간은 다른 사람에게 인정을 받고 싶다는 욕구를 가지고 있다. 인간의 본성인 그 원리를 잘 지키기만 해도 많은 사람을 자신의 지지자로 만들 수 있으며, 원만한 인간관계로 인해 행복한 삶을 영위할 수 있다. 그렇다면 이 원리를 무시하면, 다른 사람의 적이 될 수도 있으며 불행한 삶의 원인이 될 수 있다는 말도 된다.

사람은 누구나 자신만이 지니고 있는 자기성향이 있다. 취미, 성격, 관점 등등 수없이 많은 분야에서 선호하는 것과 싫어하는 것이 나누어지고 세분화되어 자신만의 고유한 개성이 형성되는 것이다. 사람은 각자 헤어스타일이 다르고, 말투가 다르고, 심지어 즐겨 읽는 책의 장르와 사상이 다르고, 좋아하는 배우와 가수도 다르기 때문에 그러한 자신의 성향에 대하여 다른 사람의 평가에 관심을 기울인다. 사람은 자신이 좋아하는 것에 대해서 인정받기를 원하고 있으며, 상대가 그것을 부정하면 저항한다.

"나는 네가 좋아하는 그 가수, 정말 밥 맛 떨어지더라."

"나는 너처럼 머리를 묶고 다니는 것이 보기 안 좋더라."

"나는 너의 향수 냄새가 좀 역겨운 것 같아."

누군가로부터 이와 같은 말을 들었을 때, 사람은 그런 말을 한 사람과 단절의 벽을 만든다. 그것은 나의 취미, 나의 성향, 나의 관점 등 나의 개성에 대한 부정을 경험하기 때문이다. 자존심의 영역은 침해당하면 본능적으로 반격 태도를 취하는 영역이다.

나의 조국, 나의 가족, 나의 부모님, 나의 자식 등 사람은 자신이 보호하고 싶은 '나의' 무엇에 대해 누군가 비판하거나 헐뜯기라도 하면 언제나 반박할 준비를 본능적으로 갖추고 있다. 그러므로 인간에게 가장 중요한 요소 중의 하나는 스스로 지키고 싶은 '나의'라는 영역이다. 그러므로 상대방의 '나의'를 존중해 주고 배려해 줄 수 있는 성품은 성공하는 인간관계를 보장받을 지혜인 것이다.

── 언어의 올바른 사용은 성공을 위한 밑거름이다 ──

허물없이 지내는 가까운 사이일수록 상대방의 마음을 상하게 하는 말을 함부로 내뱉는 경우가 있다. 가령, 술자리에서 마음이 풀어지다보면 상대방의 자존심이 걸린 사생활을 함부로 지적하게 되고 이에 자존심이 상한 상대방과 심한 다툼으로 번지기도 한다. 인간관계에서 항상 조심하고 명심해야 할 일이다.

누구나 예상치 못한 불행한 일을 당할 수 있고 혹은 길을 걷다 발을 헛디뎌 부상을 당할 수도 있다. 그렇지만 자신에게 닥

친 좋지 않은 상황이나 부상을 당한 일은 얼마간의 시간이 지나거나 치료를 받으면 회복할 수 있지만 타인의 말로 생긴 상처는 치료가 불가능할 수도 있다.

"저 사람과 나는 원수야"

다시는 안 보고 싶은 사람이 되는 원인은 함부로 뱉어낸 말 한 마디에서부터 시작되며, 한 번 입에서 내뱉은 말은 원 상태로 되돌리기란 거의 불가능하다.

인간이 사용하는 언어는 때로는 온갖 문제의 근원이 되기도 하지만 서로를 배려하는 마음을 갖고 대화로써 소통하면 서로의 마음을 얻을 수 있는 기회가 되기도 하며 성공의 원동력이 된다.

언어의 올바른 사용은 예술과 같다

현대사회는 개개인의 개성이 존중받는 시대다. 자신만의 매력적인 개성이 있는 사람은 다른 사람들의 주목을 받는다. 자신만의 매력적인 스타일을 연출하려는 노력은 성공을 향한 길의

한 과정이라고 할 수 있다.

　　피겨스케이팅 김연아 선수가 빙판에서 연기하는 스케이팅 동작 하나하나에 우리 대한민국 국민들은 깊은 감동을 받았다. 그녀의 피겨스케이팅 연기는 마치 아름다운 예술 공연을 관람하는 듯하다. 이렇듯이 배려가 담긴 말 한마디, 칭찬의 한 마디는 삶의 무게에 좌절한 사람에게는 용기를, 진심어린 격려의 한 마디는 용기를 내지 못하는 사람에게 얼마나 큰 힘을 불어넣어 주는가. 김연아 선수가 땀을 흘리며 쌓은 스케이팅 실력으로 우리에게 감동을 주듯이 대화자리를 빛내는 적절한 언어의 사용 또한 항상 다듬고 배워서 실천해야 하는 일이다.

　　인간과 더불어 지구라는 별을 삶의 터전으로 삼고 살아가고 있는 이 땅에는 용기·힘·속도 등에서 인간을 능가하는 동물은 많다. 그럼에도 불구하고 인간이 일반 동물에서 '특출한 동물'로 세상의 지배자가 될 수 있었던 배경에는 올바른 언어를 사용한 대화와 협의가 있었기 때문에 가능한 일이었다. 배려가 담긴 언어의 적절한 사용은 세상을 정화하는 힘이 있다. 올바른 언어생활을 통해 인간과 인간 사이에 흐르고 있는 진솔한 내면의 아름다움을 서로 주고받자.

배려의 마음은 삶을 풍요롭게 한다

사람은 삶을 영위하며 기억하기도 힘들만큼 많은 사람들과 인연을 맺으며 살아간다. 초등학교, 중학교, 고등학교, 대학교, 군대 전우, 회사동료 등등. 하지만 이 모든 사람들과 좋은 관계를 유지하며 오랫동안 인연을 이어가는 사람은 흔치 않다. 우리 각자는 누군가의 기억에서는 사라진 존재이며 자신 또한 누군가를 잊고 산다. 맺은 인연을 오래 유지하기 위해서는 스스로 많은 노력을 기울여야 한다. 오랜 시간 좋은 인연을 맺고 지낸다는 것은 그 사람의 마음을 얻었다는 의미다.

좋은 친구를 얻기 위해서는 진솔한 마음을 변함없이 보여주어야 한다. 좋은 인간관계의 기본은 신뢰하는 마음이며 누군가의 마음을 얻기 위해서는 자신이 한 말에 책임지는 행동을 꾸준히 보여주어야 한다. 사람을 얻는 과정도 중요하지만 좋은 인간관계를 유지하는 것은 더욱 중요하다.

필자의 지인 중 스마트 폰에 약 이천 여명의 전화번호가 입력되어 있는 선배가 있다. "이 많은 사람들과 연락이 가능합니까?"라는 물음에 선배는 다음과 같이 말했다.

"응, 가끔 스마트 폰을 점검하여 오랫동안 서로 연락을 주고받지 않으면 삭제하지. 때로는 궁금해서 연락을 해볼까도 생각하지만 몇 년 동안을 연락을 하지 않고 지냈고 또한 그 사람의 입장이 현재 어떤 상황인지 알 수 없기 때문에 생각해 본 후 기록에서 삭제해. 나는 인맥은 목적이 아니고 결과라고 생각해. 상대의 휴대전화에도 내 이름이 기록되어 있고, 그도 가끔씩이라도 내가 보고 싶고, 만나고 싶은 사람으로 남아야 인맥인 것이지."

인간은 상대방의 행위에 비례하여 상응하는 반응을 보이는 존재이기 때문에 상대방이 자신에게 호감을 갖고 있다는 것을 인지하고 있다면 자신 또한 선한 이미지의 모습을 그에게 보이고 싶어 한다. 그러한 마음을 갖고 인간관계를 유지하고 있는 사이에는 육체적으로 떨어져 있는 시간의 간격이 그리 중요한 문제가 아니다. 서로의 일 때문에 또는 어쩔 수 없는 사정으로 자주 만나지는 못할지라도 때때로 시간이 허락되면 만나고 싶다는 마음이 마음속에 존재하고 있는 것이다. 사람과의 관계는 자주 만나는 횟수에 있는 것이 아니라 마음에 간직되어 있는 것이다.

나에게도 출판사를 운영하면서 알게 된 언제나 보고픈 광지 형이 있다. 20여 년 전, 형과 함께 전국에 분포되어 있는 서점으로 한 달에 한 번씩 3,4일 정도 출장을 다녔는데 지금도 내 마음속엔 그 선배는 다른 사람을 배려하는 마음이 남달랐다는 좋은 추억을 간직하고 있다.

현재 광지선배는 교직생활을 정년퇴임한 형수님과 함께 강원도 주문진에서 아담한 한옥 집을 마련하여 자연을 벗 삼아 지내고 있는데, 그 곳에서도 광지 형은 배려의 힘을 제대로 발휘한 것 같다. 몇 년 전 광지 선배가 살고 있는 주문진에 간 일이 있다. 광지 형은 그 지역의 터줏대감이 되어 있었다. 배려가 습관이 된 사람의 인생은 그가 어느 곳에서 살건 행복한 삶을 보장하는 힘이 있다는 것을 깨달았다.

그 사람을 만나고 싶다

아름다운 그 사람을 만나고 싶다
마음이 항상 푸른 그 사람을 만나고 싶다
언제나 푸른 나뭇잎처럼 살아가는 사람을
오늘 만나고 싶다
언제 보아도 언제나 바람으로 스쳐 만나도 마음이 따뜻한
사람,
밤하늘의 반짝이는 별 같은 그 사람을 만나고 싶다.
오늘 거친 삶의 벌판에서
언제나 청순한 마음으로 사는
아름다운 사람을 만나고 싶다.
세상의 온갖 유혹과 폭력 앞에서도 흔들림 없이
언제나 제 갈 길을 묵묵히 걸어가는
의연한 그 사람을 만나고 싶다.
언제나 마음을 하늘을 향해 열고 사는
아름다운 사람을 만나고 싶다.
오늘 거친 삶의 벌판에서
언제나 화해와 평화스런 얼굴로 살아가는

그런 세상의 사람을 만나고 싶다.

마음이 아름다운 그 사람의 마음속으로 들어가서

나도 그런 아름다운 마음으로 살고 싶다.

아침 햇살에 투명한 이슬로 반짝이는 사람

바라보면 바라볼수록 온화한 미소로 답해주는

마음이 편안한 그 사람을 오늘 만나고 싶다.

결코 화려하지도 투박하지도 않으면서

소박한 삶의 모습으로

오늘 제 삶의 길을 묵묵히 가는

그런 사람의 아름다운 마음 하나

가슴 속에 고이 간직 하고 싶다.

– 헨리 워즈워스 롱펠로우

미국의 시인이며 하버드 대학교의 저명한 교수였던 롱펠로우(1807~1882)는 교훈적인 시를 많이 남겼다. 그의 시를 낭송하는 것을 조용히 눈을 감고 들으면 마치 영화의 아름다운 장면을 보는듯한 착각이 들기도 한다. 롱펠로우 시인은 사랑하는 부인을 불의의 사고로 잃었는데 그는 생전에 사별한 부인을 만나고 싶은 마음을 시로 표현한 작품을 많이 남겼다.

시인은 하늘나라에서 부인과 다시 만나서 이승에서처럼 서로 배려하며 애틋하게 사랑을 하고 있을까?

눈높이를 맞춘 대화의 자리

누군가와의 대화자리에서 서로의 생각과 눈높이를 맞춘다면 한층 더 호의적인 분위기에서 자연스러운 대화를 할 수 있다. 배려심이 있는 대화자리는 복잡하게 꼬여있던 문제를 풀어주며 불편했던 관계를 호의적인 관계로, 암울한 것을 환희로 바꾸어 놓는다.

부모가 자녀와 눈높이를 맞춘 대화를 나눌 때 자녀는 세대차이라는 닫혀 있던 마음의 문을 열고 순종하며 따르고, 선생님이 학생들과 눈높이를 맞출 때 학생들은 선생님을 진심으로 존경하는 마음을 갖게 된다.

눈높이를 맞추는 것은, 자신과 동등한 인격체로서 상대방을 대한다는 것이다. 그것은 배려의 마음과 겸허한 마음에서 우러나온다. 눈높이를 맞춘 대화에서 진정한 '소통'이 이루어지는 것이다.

가졌다면 나누라

성경에는 '청지기 사상'이란 말이 기록되어 있다. 청지기란 주인 대신 재산을 관리하는 사람으로서, 사람은 하느님의 재산을 관리하는 청지기이며 자신이 소유한 재물은 마음대로 쓸 수 있는 사유물이 아니라 하느님의 뜻에 맞게 사랑을 실천하는 도구로 사용해야 한다는 사상이다. 이러한 사상의 토대에서 유럽의 상속제도는 부의 대물림을 배척하고 사회화를 중요시한다. 부의 대물림을 원천적으로 차단함으로써 부모의 재산 여부에 상관없이 개개인의 능력에 따라 명예와 부를 얻을 수 있도록 제도적으로 만든 것이 선진국의 제도이다. 사회복지가 제대로 작동하지 않는 후진국일수록 부모는 자녀의 미래를 걱정한다.

부모의 재산에 관심을 갖는 자녀의 이기적인 욕망의 저변에는 노동의 참된 가치와 성실의 보람을 무시하는 사고(思考)가 있다. 사기 치고, 투기하는 것이 땀 흘려 노력하는 노동보다 돈을 모으기가 수월하다고 생각할 수 있다는 것이다. 후진국일수록 참된 노동의 가치보다는 남의 약점을 이용하여 자신의 이득을 취하는 행동이 보편화되어 있다. 다른 사람을 배려하는 모습을 찾아보기가 힘든 이유다.

부자가 존중받는 이유

자본주의 세상에서 부자는 존중받아야 하고 존경받을 자격이 있다. 그 이유는 그들의 열정과 도전이 사람들에게 희망을 주기 때문이다. 세계인의 존경과 존중을 받는 부자들은 많다. 마이크로소프트(MS)의 창립자 빌 게이츠, 페이스 북의 창업자 마크 저커버그, 가치투자의 귀재 워런 버핏, 러시아 석유재벌 블라디미르 포타닌 등 이들의 공통점은, 자신의 부에 대한 사회적 책임을 실천하고 있다는 것이다. 다시 말해서 '노블리스 오블리제

(noblesse oblige)'를 실천하는 것이다. '노블리스 오블리제'는 사회적 지위에 상응하는 도덕적 의무다. '노블리스 오블리제' 정신이야말로 계층 간의 대립을 해결할 수 있는 최고의 수단이다. 그들이 있기에 '부'에 대하여 사람들은 질시와 불평등의 잣대 대신 존경과 지지를 보내는 것이다.

세계 최고의 부자인 마이크로 소프트의 창업주 빌 게이츠는 다음과 같이 말했다.

"주는 만큼 받아야 한다고 생각하지 마라. 아낌없이 주는 나무가 돼라"

존중받는 부자는 자신들의 혜택에 대한 감사함을 사회의 어두운 면을 밝게 만들 수 있는 청지기 사상의 사명을 깨달은 사람이다. 즉, 배려의 마음이 있는 사람이다.

한국의 부자가 존중받지 못하는 이유

우리나라에는 왜, 세계적인 부자는 있지만 국민들의 존경은 받지 못하는 것일까?

유럽에서는 전문경영인에게 기업을 맡긴 가문 또한 존경의 대상이 된다. 일례로 독일 BMW의 크반트 가문은 경영과 소유를 분리하여 가족 간의 경영권 분쟁 없이 BMW를 세계적인 브랜드로 성장시켰다. 크반트 가문의 자손들은 자신들의 선조가 이룬 기업이지만 'BMW는 독일인들의 것이다'는 생각이 깊이 자리 잡고 있기 때문에 경영에 참여하지 않는다. 그것은 가족이 참여하면 독선적인 경영이 될 수 있음을 염려하기 때문이다. 우리나라의 재벌들이 존경받지 못하는 이유는 그들의 이기심과 탐욕 때문이다.

필자는 한 때, 외국 담배를 피우면 법에 의해서 구속이 되던 시절을 기억하고 있다. 외제차를 타는 사람을 보고 '매국노'라는 말을 하기도 했다. 그 시대에는 '국산품 애용'을 주제로 하여 '포스터 그리기 사생대회'를 개최하기도 했다. 이렇듯 국민들의 국산품 애용에 애국심이라는 사상을 주입시킴으로써 그 혜택을 기반으로 지금의 재벌로 성장했지만, 지금 그들의 마음 안엔 국민이 없다. 즉 국민의 무한한 배려를 받음으로써 성장했으면서 그것을 돌려줄 배려의 마음이 그들에겐 없는 것이다.

포드 자동차의 창업자 헨리 포드는 다음과 같이 말했다.

"돈만 만들어내는 사업은 빈곤한 사업이다."

존중받지 못하는 부자는 청지기 사상의 사명을 외면하는 배려의 마음이 없는 사람이다.

대한민국은 선진국인가?

대한민국은 선진20개국(G20)의 멤버이며 경제력 세계 상위권의 경제대국이다. 선진국은 단순하게 고도의 산업 및 경제발전을 이룬 국가를 가리키는 용어로 생각할 수 있지만 대한민국을 선진국이라고 부르기에는 스스로 쑥스러운 면이 있다. 한마디로 대한민국은 선진국이 아니다. 경제력이 크다고 또는 국민 소득이 높다고 해서 선진국이라고 할 수는 없는 것이다. 우리 스스로가 선진국의 국민이라고 내세우기가 부끄러운 대표적인 이유가 정치수준이다. 대화와 타협보다는 모든 것을 힘의 논리로 해결하려는 것은 국민을 대표하는 선진국의 정치인의 모습이 아닌 것 같다. 또한 그러한 사람들을 대표로 선출한 국민들 역시 선진국 국민으로서의 자격이 부족하다고 생각하는 것은 필자만의 생각일까. 그 외 복지정책, 전통을 지키려는 국민수준, 부동

산투기 등으로 부를 독점하려는 탐욕스런 국민수준은 아무리 경제적인 성장을 자랑스럽게 내세운다할지라도 아직 선진국의 대열에 진입하기는 부족한 것 같다. 공부만 잘한다고 모범생이 아니듯, 경제가 부유하다고 선진국은 아닌 것이다.

항상 남을 배려하는 그 친구

사람은 살아가며 많은 친구, 동료, 후배 등 많은 사람들과 관계를 맺으며 살아간다. 하지만 자신의 모든 사정을 세상에 일일이 공개하며 살아갈 수는 없다. 누구라도 다른 사람이 생각하는 자신에 대한 평가가 실제 자신의 상황과 다를 수 있는 것이다.

나는 1987년 '함께북스'라는 출판사를 설립했다. 젊은 나이에 정말 두려운 마음으로 시작했지만 초창기 한 두 해를 제외하고는 큰 어려움을 겪지 않고 운영할 수 있었다. 출판 사업을 시작하기 전, 1985년 여름 출판사 영업부에 입사했다. 3년여 시간의 출판사 영업의 경험은 자본금보다 소중한 재산이 되었다. 책을 만들 종이, 인쇄, 제본 그리고 전국 각처의 서점 관계자들과의 친분으로 정말 자본금 한 푼 없이 출판사업을 시작할 수 있었다. 그 사람들 덕분에 초창기에 출간한 책들은 자고 일어나면 서점에서 책 주문이 들어왔고 따라서 돈이 밀려들어왔다. 삼십대 초반, 나보다 잘난 놈은 세상에 없는 것 같았다. 지금 생각하면 참으로 부끄럽고 민망스러운 기억이지만 그때는 정말 그랬다. 1997년, IMF 광풍이 휘몰아 쳤다. 전국에 책을 공급하던 총판과 도매서점들을 시작으로 서점들은 줄줄이 부도가 났고, 서점에 책을 공급한 대가로 받은 약속어음 또한 약속이 지켜지지 않는 한낱 쓸모없는 종이에 불과했다. 나를 믿고 책을 만들 재료와 일을 해준 제작처 등에 그동안 내가 모은 것을 남김없이 모두 주고 나니, 나는 다시 아무 것도 가진 것 없는 빈털터리가 되었다. 그래도 큰 빚을 지지 않고 해결할 수 있어서 다행이었다고 생각한다. 그렇게 해결을 했기에 지금도 '함께북스'라는 출판사 명을 지키고 있다. 당시, 내 사정을 모르는 사람들은 나를 돈을 많이 모은 사람으로 기억하고 있는 사람도 있었지만, 그들에게 내 형편을 말하기에는 자존심이 허락하지 않았다.

　나에게는 영영 잊을 수 없는 고마움을 간직한 친구가 있다. 그 역시 출판사를 운영하는 친구인데 그 친구를 만난 지 얼마 되지 않았을 때의 일이다. 주위의 누구에게도 말하지 못했지만 나에게는 당시, 고정적인 수입이 일정하지 않았으니 차츰 빚이 쌓여가고 있었다. 그 빚은 전화요금, 과태료, 벌금, 건강보험료, 각종 세금 등이었다. 그러한 생활이 몇 년 간 이어지다보니 결코 적은 액수가 아니었다.

2003년 봄 어느 날, 우리 가족은 생계를 해결하기 위해 살길을 찾아야 했다. 우선 장모님의 서울 아파트를 전세 놓고 강원도 속초, 장모님의 친구 분이 계시는 그 곳에 여관을 얻어 장사를 하기로 하고 계약을 하러 가는 날이었다. 온 가족이 여행이 아닌 장모님을 그 곳에 남겨놓기 위해 강원도로 가는 도중 내 차가 검문소에서 잡힌 것이다. 나는 크게 법을 어긴 일이 없었기에 별다른 생각 없이 검문에 응했는데 그 자리에서 체포되었다. 이유는 각종 벌금이 쌓여있기 때문에 기소중지가 되어있었던 것이다. 당황스러웠다.

도움을 청할 친구들, 선, 후배들을 생각했지만, 자존심 때문이었는지 누구에게도 선 듯 연락할 수 없었다. 그런데 왜, 몇 번 만나지도 않은 그 친구가 생각났던 것일까?

그는 내 전화를 받고 모든 일을 알아서 해결해 주었다. 그 친구와 나의 전화통화는 간단했다. 나는 나의 사정을 구구절절이 말하지 않았고, 그 친구는 왜 돈이 필요하냐고 묻지 않았다. 서울에 와서 바로 돈을 어렵게 구해서 돌려주었지만, 그 친구도 나도 그 일에 대해서 지금까지 말한 적은 없다. 하지만 그 친구는 그 일을 어떻게 기억하고 있는지는 모르겠지만 그 일은 지금도, 그 친구의 배려의 마음은 내 마음속에 빛으로 그리고 빚으로 남아있다.

나의 배려 기록장

20 . .

20 . .

20 . .

20 . .

20 . .

20 . .

20 . .

20 . .

20 . .

나의 배려 기록장

20 . .

20 . .

20 . .

20 . .

20 . .

20 . .

20 . .

20 . .

20 . .

나의 배려 기록장

20 . .

20 . .

20 . .

20 . .

20 . .

20 . .

20 . .

20 . .

20 . .

상대방의 마음도 생각하는
배려의 대화

초판 1쇄 발행 2019년 7월 5일
초판 5쇄 발행 2020년 8월 25일

지은이   조완욱
펴낸곳   함께북스
펴낸이   조완욱
등록번호   제1-1115호
주소   412-230 경기도 고양시 덕양구 행주내동 735-9
전화   031-979-6566~7
팩스   031-979-6568
이메일   harmkke@hanmail.net

ISBN 978-89-7504-742-8 04320